SEXO, AMOR Y PAÑALES

SEXO, AMOR Y PAÑALES

Laura Zigman

Traducción de Bettina Blanch Tyroller

grijalbo mondadori

Título original:
DATING BIG BIRD
Traducido de la edición original de
Dial Press, marca registrada de Random House Inc., Nueva York

Primera edición
ISBN: 84-253-3506-X
Depósito legal: B. 18.568-2000
Impreso en Hurope, S.L., Lima 3 bis, 08030 Barcelona

Para Jenny Loviglio,

para Marian Brown,

para Nicole y Michael,
mi Pepinillo y mi Monito.

Agradecimientos

Por su ayuda y amistad, doy mi más sincero agradecimiento a Bill Clegg, Julie Grau y su familia, Nico Hartman, Ivan Held, Susan Kamil, Wendy Law-Yone, Julia Matheson, Nancy Pearlstein y Elise y Lily Supovitz. Por su devoción sin precedentes, mi más profunda gratitud a Brendan Dealy.

El primer trimestre

1

No es que Paco Pico me pareciera especialmente atractivo, sino que creía que sería un buen padre.

Quiero decir progenitor.

La palabra padre implicaba una relación prolongada que no me apetecía necesariamente.

No es que no quisiera una relación prolongada, sino que intentaba ser realista. A fin de cuentas, tenía treinta y cinco años y por entonces ya sabía la diferencia entre expectativa y deseo, entre amor y lujuria, entre novios y padres.

Al menos, se suponía que la sabía.

Contemplar la posibilidad de que un pájaro amarillo de dos metros cuarenta te deje embarazada no es más que un ejemplo de cómo te puedes ir de la olla cuando deseas tener un hijo tanto como yo.

Hay que reconocer, sin embargo, que a excepción de las plumas (y los leotardos de rayas horizontales y los ojos saltones y ese estúpido pico afilado), Paco Pico sería el padre ideal:

Es cálido.

Es afectuoso.

Tiene trabajo estable desde tiempos inmemoriales.

Y siempre sabes dónde encontrarlo por si necesitas algo más adelante.

Dar a luz a un bebé cubierto de suaves plumas amarillas sería un precio insignificante que pagar a cambio de tan ejemplares cualidades paternas.

No obstante, mi amiga Amy prefería al dinosaurio Barney y citaba su canción como prueba de la superioridad de sus genes: *Te quiero. Me quieres. Somos una familia feliz...*

Pero yo replicaba que tal vez una familia feliz quedaba fuera de nuestro alcance, mientras que un niño no... Amy asentía a regañadientes y me confesaba la auténtica razón de su preferencia: *Le gustaba más el morado que el amarillo.*

Cuando no estás casada y le cuentas a la gente que quieres tener hijos, no se lo toman muy bien que digamos. Las personas a las que conoces, padres, amigos casados, amigos solteros y novios, no estarán esperando en tu fila de recepción personal después de una boda o fiesta de la canastilla* para felicitarte por haberte tomado demasiados martinis con vodka y transformado en su idea del cliché femenino por antonomasia.

Pero por una vez no te sientes como un cliché.

Por una vez no lamentas tu situación de mujer soltera y nulípara.

Pese al hecho de que, a todas luces, estás como una cuba, también estás de sorprendente buen humor.

Casi eufórica, en realidad.

Expresar en público tu deseo de tener un hijo es el primer paso para conseguirlo.

Por supuesto, era consciente de que tendría que prepararme para un acontecimiento tan radical, construir el nido, por así decirlo.

En primer lugar, necesitaría un piso más grande para que cupiera la cuna.

Y el cambiador.

* Fiesta que se celebra antes del nacimiento del bebé y a la que los invitados llevan regalos para el pequeño. [*Nota de la T.*]

Y la bolsa de pañales.

En segundo lugar, necesitaría la cuna.

Y el cambiador.

Y la bolsa de pañales.

En tercer lugar, necesitaría más dinero.

Para poder costearme el piso más grande.

Y el equipo para el bebé.

Por no mencionar a la niñera, pues tendría que seguir trabajabando para financiarlo todo.

–¿No te olvidas de algo? –preguntaba Amy.

Yo la miraba con aire perplejo.

Cuna.

Cambiador.

Bolsa de pañales.

Piso más grande.

Niñera.

Más dinero.

Y entonces se me ocurría.

–El cochecito.

–Ajá –exclamaba, dándose una palmada en el muslo–. O sea que sigues teniendo la intención de reproducirte asexualmente.

Durante un tiempo, de hecho, no tuve la intención de reproducirme de ninguna forma, sino que consideré la posibilidad de secuestrar a mi sobrina para ahorrarme todos los problemas e inconvenientes.

¿Por qué arriesgarte a tener un hijo que a lo mejor no te gusta si ya existe una niña a la que adoras?

Al principio, a mi hermana mayor, Lynn, le hacían gracia aquellas demostraciones de tía volcada en su sobrina. Pero transcurrido el primer año y bien entrado el segundo, Nicole, *El pepinillo*, se convirtió en una auténtica bestia, y Lynn empezó a tomarle cada vez más cariño a mi idea.

–Puedes quedártela –comentaba mirando al suelo, adonde se

había arrojado la bestia con pañales para protestar a aullido limpio contra la siesta.

Pero cada exhibición histriónica me hacía quererla un poco más. «Es una bestia –suspiraba extasiada–. Pero es mi bestia».

A decir verdad, no me planteé en serio secuestrarla; sencillamente, me gustaba tomarla prestada, poner a prueba la idea del bebé cuando iba a visitarla.

Mientras empujaba el cochecito por el parque, la llevaba a dar un paseo en el jeep de la familia y la arrastraba entre patadas y chillidos por el supermercado a horas a las que en realidad le tocaba comer o dormir, sonreía de oreja a oreja a cuantos me encontraba, con el orgullo y el gozo de una madraza.

–Tiene el carácter de su padre –comentaba con un encogimiento de hombros.

Lo cual era cierto.

Mi cuñado siempre se pone de mal humor cuando tiene hambre y sueño.

Fue el Pepinillo la primera en sacar a relucir las posibilidades de Paco Pico como marido y padre, e inducirme a preguntarme si en mi próxima relación (si es que volvía a tener una relación) me convenía relegar a segundo término lo que consideraba mi tipo (alto, moreno y reservado) en aras de algo nuevo y diferente (amarillo, plumado y simpático).

Aquel fin de semana del Día del Trabajo, Nicole, Lynn y mi cuñado Paul vinieron a Nueva York desde Maine para asistir a una boda en el Waldorf, y el sábado por la tarde, antes de la ceremonia, trajeron a la niña a mi piso de la Calle Trece Oeste para que se quedara a dormir. Llevaba semanas preparando nuestra gran noche juntas, y antes de que llegaran repasé una vez más el inventario para el fin de semana por si había olvidado algo:

M & M.

Galletas.

Libros de la biblioteca.

Vídeos de *Barney, Blues Clues* y los *Teletubbies.*

Unas deportivas de plataforma y unas zapatillas peludas *Cat in the Hat* metidas en sus cajas de la zapatería.

Y tres vestidos de Baby Gap.

Probablemente no.

Lynn subió a casa mientras Paul aparcaba el coche con Nicole.

–Si no hago pis ahora mismo exploto –masculló, desesperada–. Empiezo a pensar que debería llevar pañales para adultos porque nunca tengo ocasión de ir al lavabo.

Me besó apresuradamente en la mesilla y dejó caer el montón de sábanas, mantas, muñecas Barbie y ositos de peluche sobre el sofá del salón. Luego se dirigió al pasillo, pero en seguida se detuvo en seco y se volvió hacia mí con expresión perpleja.

–¿Dónde está el...?

–¿El lavabo? –terminé al tiempo que señalaba el pasillo que partía del otro extremo del pequeño recibidor–. Por ahí.

La seguí como buena hermana pequeña, siempre pisándole los talones a la mayor, hasta la puerta del baño, que dejó entreabierta. Oí que levantaba la tapa y acto seguido exhalaba un suspiro de alivio.

–Entra si quieres –me invitó–. Todo el mundo lo hace. Ya no me queda pudor; de hecho, no sé si a estas alturas podría hacer pis sin que nadie me mirara. Seguro que he desarrollado una necesidad patológica de orinar en público.

Después de tirar de la cadena y lavarse las manos salió del baño. Aún llevaba la cremallera de los tejanos bajada, y entreví el elástico de las bragas debajo del ombligo mientras regresábamos al salón.

–Lo siento –se disculpó.

Empezó a subirse la cremallera, pero en seguida cambió de opinión.

–Hacía meses que no me ponía estos pantalones, pero aún me aprietan. Creía que después de ocho horas en el coche cederían un poco, pero estaba equivocada.

–Estás muy guapa –exclamé.

Lo dije con suficiente entusiasmo para hacerle creer que mentía, aunque no era cierto. Tenía el cabello reluciente, negro y peinado en melena lisa hasta los hombros, y siempre había poseído una sonrisa estupenda que, en combinación con el pelo, casi lograba tornar invisibles las ojeras ocasionadas por la vida con una niña pequeña.

–No es verdad –replicó, poniendo los ojos en blanco–. Estoy como una foca.

–No es verdad.

–Sí es verdad.

–Veo que estás tan chalada como siempre –sentencié.

Aquellas palabras zanjaron el diálogo que sostenemos cada vez que nos vemos. Es nuestra versión de dos monos quitándose mutuamente los piojos. «Estás muy guapa. No, tú estás muy guapa. No, TÚ estás muy guapa.»

Aunque algo más rellena desde el nacimiento de Nicole, con un poco de acolchado adicional en las caderas y los muslos, Lynn no estaba gorda, ni mucho menos. Tan sólo estaba muy mimada. Eso de nacer con una envidiable cintura de avispa y un vientre plano que no requiere abdominales te vuelve así, había imaginado siempre, muerta de celos.

Mi hermana me miró con una sonrisa. Nos habíamos visto por última vez dos meses antes, a principios de julio, cuando conseguí pasar una semana de vacaciones con ellos y mis padres en Cape Cod.

–Te ha crecido mucho el pelo –dijo–. Y lo tienes muy liso.

–Como tú.

La gente siempre decía que parecíamos gemelas, pero Lynn y yo nunca hemos apreciado la similitud. Sólo nos parecíamos en el colorido, ojos castaños y tez olivácea, y el cabello si yo me lo dejaba largo y me lo secaba con el secador como una obsesa.

–Bueno, estás muy guapa. ¿Cómo está...?

¿Malcolm?

–Bien, bien. Como siempre.

Lo que siempre decía cuando me preguntaba y en realidad quería responder No preguntes. No quiero hablar de ello.

–A lo mejor algún día lo conocemos.

–A lo mejor.

Lo dudaba mucho.

Justo cuando empezaba a preguntarme por qué tardaban tanto Paul y el Pepinillo en subir del aparcamiento, Lynn y yo oímos el preludio de su llegada, un estridente aullido que llenó el rellano efecto Doppler incluido, pasó por delante de mi puerta como una exhalación y volvió a ella cuando por fin la localizaron. Emocionada y aprensiva a un tiempo (¡Mi pepinillo había llegado, pero no estaba contenta!), me abalancé sobre el pomo, abrí y vi a Paul debatiéndose con brazos, piernas y pies diminutos calzados con botitas Timberland en un intento fútil de fingir cierto dominio sobre su hija.

Nicole estaba monísima con sus gruesos leotardos blancos, kilt rojo en miniatura y cazadora tejana. Entre todo el tumulto, las lágrimas y los sollozos, le vi los dientes de leche; los dos superiores centrales sobresalían un tanto a causa del uso inclemente del chupete. Tenía la sensación de que cada vez que la veía en esa época, acababa de llorar, estaba a punto de llorar o lloraba, y en aquel instante parecía hallarse inmersa en las tres fases al mismo tiempo. Advertí que me veía, pero la fantasía de que ello bastaría para acabar con la rabieta era errónea y duró bien poco.

–¡Hooooolaaaaa! –canturreé.

Me agaché y abrí los brazos para el gran saludo, pero Paul pasó por mi lado sin siquiera molestarse en decir hola. No le culpaba, por supuesto. Al fin y al cabo, la mata indómita de rizos castaños del Pepinillo le tapaba la boca, y la niña acababa de asestarle dos golpes en la cabeza con su muñeca Madeline.

–Ha sido por los M & M –dijo a modo de explicación mientras dejaba a Nicole sobre el kilim.

Parecía salido del catálogo de moda L. L. Bean, con sus múltilples capas de jersey de cuello alto, suéter y anorak abrochado pese a que en Nueva York, cuatrocientos cincuenta kilómetros al sur de la tundra de Maine, aún era verano.

–Quería más de los cinco que le hemos dado.

–Y cuando le hemos dicho que no… –añadió Lynn, sumándose al juego de narración por turnos y dando el pie para la siguiente frase de Paul.

–Se ha puesto como las cabras.

–No soporta que le…

–… digamos que no.

–Ni nada que…

–… rime con no.

Se miraron confusos, frustrados y exhaustos. Paul llevaba las gafas de montura metálica torcidas, y Lynn aún no se había abrochado los pantalones. Mientras, yo, la anfitriona-invitada no iniciada, no preparada e inexperta, que de repente se preguntaba si debería haber añadido una correa y un bozal a la lista del fin de semana, me limitaba a presenciar el desarrollo de la épica escena, el punto culminante a cámara lenta cuando Nicole se arrojó de espaldas al suelo, parte posterior de la cabeza por delante, y con los ojos vueltos al techo, se puso a berrear como un cordero sacrificial.

Durante unos segundos permanecimos inmóviles, con la mirada clavada en la alfombra, meneando la cabeza y preguntándonos lo mismo, de eso estoy convencida: «¿Cómo puede una cosita tan pequeña y tan mona armar tanto escándalo?» A continuación, Paul se agachó, Lynn se agachó y yo me agaché. Los tres nos pusimos a decir monerías y gatear por el suelo con la esperanza de volver a despertar en ella cierto civismo. Pero estaba comprensiblemente cansada y tonta a causa del largo viaje, además de nada acostumbrada a mi piso, de forma que siguió llorando.

–Cualquier cambio en su rutina diaria la trastorna –comentó Lynn–. No soporta los cambios.

–Yo tampoco –convine.

Paul miró a Lynn de soslayo para indicarle que era hora de irse, si bien dudaba de que fuera porque necesitaran cinco horas para cambiarse de ropa antes de la boda.

–¿Estás segura de que quieres uno? –me preguntaron al unísono en la puerta, mirándome como si hubiera perdido el juicio.

Muda, con la sonrisa congelada en los labios, mirando por encima del hombro la alfombra del salón y preguntándome cuándo y si aquella rabieta cesaría, asentí sin convicción.

Claro que quería uno.

¿Verdad?

Pero una vez administré el remedio recomendado para rabietas de código uno, consistente en dos galletas de higo seguidos de cinco M & M, y los gritos cesaron, una vez Lynn y Paul besaron a Nicole y por fin se fueron, una vez la levanté del suelo y le enjugué el rostro arrasado de lágrimas con la parte inferior de mi camiseta blanca, una vez nos quedamos a solas en el maravilloso silencio crepuscular de aquel fin de semana del Día del Trabajo, Nicole asiéndome la mano mientras entraba tímidamente en la cocina, el dormitorio y de vuelta al salón, una vez abrió los regalos y se puso las zapatillas nuevas en las manos como si fueran marionetas e intentó metérmelas en la boca, una vez supe lo que se sentía al ser su único centro de atención, lo que se sentía al sentirse bien, reconsideré la pregunta.

Sí, quería un Pepinillo propio.

Lo sabía.

Estaba segura de ello.

En las maravillosamente silenciosas horas postrabieta, Nicole y yo dimos cuenta de una caja entera de gofres (los suyos cortados en ocho trozos, no siete, ni seis, ni nueve, sino ocho) mientras mirábamos vídeos de *Barney* y coloreábamos libros para colorear. Luego entró en mi dormitorio y se probó todos mis zapatos, cayéndose varias veces antes de volver a su par favorito de mocasines *Barbie* con bisutería, con los que se paseó orgullosa por toda la habitación. Hipnotizada y casi sin aliento al mirar aquella cosita de tres años con sus pañales y piernas regordetas, la viva imagen de mí a su edad, si es que las fotos familiares, la leyenda de mis michelines infantiles y mi inclinación por los desnudos teatrales no mienten, la así por la espalda del mono que llevaba y la puse sobre la cama conmigo.

–¡Eres… mi… Pepinillo! –exclamé con la cara tan cerca de la suya que se convirtió en una nebulosa de risitas, rizos alborotados y dientes de leche.

–¡No! –gritó al tiempo que me agarraba la nariz con una mano e intentaba meterme los dedos de la otra en la boca.

–¡Sí!

–¡Que no! No soy un pepinillo. Soy Nicole.

Le cogí las mejillas para acercarle la cara aún más.

–Vale, pues entonces… ¡beso de esquimal! –chillé.

–¡Beso de esquimal! –chilló ella.

Nos echamos a reír con tal fuerza que antes de que la que no llevaba pañal sufriera un accidente, cogí el libro que Nicole había escogido, *Curious George va al hospital*, y lo abrí. Exhaustas, nos acurrucamos la una contra la otra mientras volvíamos las páginas, y por una vez me limité a pensar en la felicidad que me proporcionaba tenerla allí y no en el hecho de que, al cabo de menos de doce horas, sus carnes regordetas y perfectas de bebé se habrían marchado. Nicole no tardó en cansarse del libro (a decir verdad, nunca sabía a ciencia cierta si escuchaba los cuentos y si se concentraba en disfrutar de la atención que significaba que te leyeran cuentos), lo empujó a un lado y se incorporó para hacerme una pregunta que por lo visto no podía esperar.

–¿Dónde está tu madido?

–¿Mi madido? –repetí, parpadeando confusa–. No tengo madido –repuse sin vergüenza alguna y con cierto deje de orgullo.

–¿Tienes un Paco Pico?

–¿Quieres decir un novio?

Nicole asintió.

Parpadeé varias veces seguidas.

Algo así.

Más o menos.

Por así decirlo.

Depende de cómo definas «novio».

–No.

Nicole frunció el ceño.

–¿Tienes un Elmo?

Mi frente imitó a la suya.

–No.

–¿Tienes un... Barney?

–No.

–¿Tienes un... ratón Mickey?

–No.

–¿Tienes... Teletubbies?

–No.

Se me quedó mirando un rato y por fin se encogió de hombros con los brazos extendidos a los lados.

–Entonces, ¿qué tienes?

–Nada –suspiré, derrotada y humillada, no sólo por el horror descarnado de la palabra que acababa de brotar de mis labios, sino por la expresión del Pepinillo al oírme pronunciarla:

Compasión.

–La tía LaLa necesita algo para tener.

Y antes de que pudiera reaccionar, se bajó la de la cama e inspeccionó el montón de animales de peluche que había traído Lynn. Cuando se volvió hacia mí y me alargó su Paco Pico, lo hizo con la convicción absoluta de los niños de que la soledad y la tristeza pueden hacerse desaparecer..., así, sin más.

–Paco Pico duerme con tía LaLa –sentenció.

2

No siempre había querido tener un hijo.

De hecho, la idea de procrear, reproducirme y todo lo que conllevaba me resultaba muy poco tentadora.

Estrías, aumento de peso, agotamiento y falta absoluta de intimidad. Y de libertad. Y de tiempo.

Y el misterioso cambio de personalidad que transformaba a mujeres antes normales en sombras grises que hablan solas, seres que en las fiestas y en los pasillos del supermercado no paraban de charlar de vaginas, episiotomías y efluvios de toda clase sin atisbo alguno de vergüenza. Ni ironía. Ni mesura.

Los cuatro por cuatro, monovolúmenes, portacunas, cochecitos y enormes bolsas de supervivencia repletas de juguetes, muñecas, pegatinas, rompecabezas y cientos de bolsitas de plástico herméticas con todas las variedades imaginables de víveres de emergencia, tales como cereales, galletas, caramelos y fruta a fin de prevenir o al menos contener las rabietas públicas, pues todas las teorías recientes sobre la paternidad parecen haber desterrado de su vocabulario el antes tan aceptado concepto del no.

El deseo de reencontrar rasgos míos en el rostro de un niño, de verme reflejada en sus ojos, de sentir que quiere mi proximidad, llora por mí y me necesita a todas horas del día y de la noche no me atormentó, ni siquiera se me ocurrió, de hecho, hasta hace tres años. Hasta entonces, mi imagen del amor, la conexión y el gozo absolutos, un hombre y yo, congelados en el tiempo y en el espacio, a media respiración, a media frase, a medio beso, había permanecido inalterada.

Mi imagen nunca había incluido un bebé.

Nunca había sido un bebé.

Con o sin Paco Pico.

Esa imagen tardó más en aparecer.

No apareció hasta que me cansé de mí misma y sentí el deseo de distraerme con otra cosa.

No apareció hasta que las noches se tornaron insoportablemente silenciosas y solitarias.

No apareció hasta que vi por primera vez a mi sobrina.

Fue entonces cuando lo supe.

Cuando supe que no quería vivir sin un niño.

Nada me había preparado para lo que sentiría por ella, para aquella inmensa oleada de éxtasis que me embargó la primera vez que la vi, recién nacida.

Paul me llamó a las tres de la madrugada desde el teléfono público del hospital para darme la noticia, y si bien me ilusionaba la idea de ser tía, no tenía idea de que mi vida daría un giro tan radical.

No sé qué fue lo que me fascinó tanto de ella, pues tenía la cabeza enorme y pelada, y se parecía mucho más a mi cuñado que a mi hermana o a mí, con aquella carita redonda en lugar de alargada, los ojos azules en lugar de marrones, la piel blanca en lugar de olivácea, pero me fascinó en el primer instante, esa primera vez en que la cogí de brazos de mi hermana y con infinito cuidado me la coloqué sobre el hombro para escuchar su respiración rápida y superficial contra mi cuello.

Tal vez se debiera a que por fin tenía a alguien a quien podía prestar toda mi atención y amar sin restricción alguna.

O quizás no era más que la perspectiva inofensivamente narcisista de formar parte de la consciencia de un niño, la sensación de que eres y seguirás siendo una figura permanente en su universo, o la necesidad de ejercer alguna influencia sobre alguien, de marcar la diferencia en su vida, de prevenir la herida secreta de la soledad y la tristeza que ya existen en ti. En cualquier caso, mi conexión con ella se convirtió en una certeza que se consolidaba con cada visita, cuando el sentarse y el gateo evolucionaron hacia los paseos y las carreras, cuando los gorgoteos y monosílabos por teléfono una vez a la semana se transformaron en palabras, medias frases y pequeñas conversaciones. Luego mi nombre, su versión particular de él... Y entonces supe, con una seguridad que había experimentado acerca de muy pocas cosas en mi vida, que algún día, de alguna forma, tendría que tener un hijo propio.

Porque durante aquellos tres, cuatro o cinco días cada varios meses que nos veíamos, mi Pepinillo y yo éramos inseparables.

Comíamos juntas.

Leíamos cuentos juntas.

Dormíamos juntas.

Nos despertábamos temprano juntas.

Un comportamiento muy propio de dos personas enamoradas.

Puesto que es más difícil ser abandonado que abandonar, las partidas de Lynn, Paul y Nicole siempre me resultaban peores a mí, y el fin de semana de la boda en el Waldorf no fue una excepción. Lo que más me aterraba era la tranquilidad, el orden y el abrumador silencio que reinaba tras un día de caos, ruido y movimiento.

Paul siempre quería ponerse en marcha a las ocho de la mañana, de modo que la noche anterior a su partida, después de acostarla, siempre tomaba la precaución de eliminar de mi piso cualquier recordatorio de la presencia del Pepinillo. Devolvía a la estantería los libros de la biblioteca que habíamos leído una y otra vez: *Curious George, Stone Soup, Amelia Bedelia, Make Way for Ducklings*; tiraba los restos de gelatina roja al fregadero y enjuagaba el cuenco; barría los copos de cereales, migas de galleta y M & M.

Así, cuando la puerta se cerraba tras ellas, me resultaba más fácil fingir que el Pepinillo no había venido siquiera.

Pero siempre quedaba algún vestigio, un calcetín, un envoltorio de piruleta, un Cheerio pegado al suelo que se me había escapado, o el olor a jabón y champú infantil en mis sábanas y almohadas que apenas soportaba lavar.

Y cuando se habían marchado, cuando el coche salía del aparcamiento de enfrente, recorría lentamente la calle y doblaba por la Sexta Avenida, cuando ya me había quedado suficiente tiempo en la acera, cubriéndome los ojos con las manos para contener las lágrimas y conservar su imagen en mi mente todo el tiempo posible, sus manitas saludándome desde el asiento trasero del coche, el pelo oscuro, rizado, despeinado e indómito asomando por la ventanilla, entraba de nuevo en el piso, donde el silencio y la soledad ineludibles volvían a apoderarse de mí, donde los recuerdos de ella resurgían como en relieve, como la huella pegajosa de su manita en la ventana del salón, donde se había apoyado para contar cuando le tocaba parar en el escondite.

Me sentaba con la mirada perdida en el espacio, total y absolutamente sola, y consideraba la cuestión cada vez más acuciante acerca de la forma de tener un Pepinillo propio.

Si pudiera hacer algo más además de tener un hijo y de reconocer que la vida no me ha salido tan mal, que de hecho me ha salido bastante bien, en líneas generales, haría lo siguiente:

Borrar de la faz de la tierra el término *reloj biológico* por siempre jamás.

Lo detesto profundamente.

No sólo está manido en extremo y es peyorativo, sino que además es estúpido e incorrecto.

De noche, cuando estoy despierta en la cama, preguntándome cómo me he convertido en lo que me he convertido, la imagen de un enorme reloj tipo Big Ben marcando el paso de mis años reproductivos no es lo primero que se me ocurre.

Lo primero que se me ocurre es esto:

Una máquina expendedora de bolas de chicle.
Expendiendo su provisión limitada de huevos.
Uno por uno.
Mes a mes.
Año tras año.
Huevo.
Huevo.
Huevo.

3

El domingo por la mañana, después de que el Pepinillo se marchara, recorrí University Place camino de mi despacho para trabajar unas horas en preparación de la semana infernal que me esperaba. «La 7ª en la Sexta», ocasión para la que Nueva York se convertía en el centro universal de la moda, aún más de lo que ya era de por sí, gracias a la visita de diseñadores, modelos y aterradores personajes ricos y escuálidos que acudían procedentes de todo el mundo para asistir a desfiles, galas benéficas, cócteles y cenas, empezaría al cabo de menos de cuarenta y ocho horas. Como una de los numerosísimos esclavos que trabajaban entre bastidores, tenía miles de cosas que hacer, todas las cuales, en realidad, se resumían en asegurarme de que nada saliera mal.

Por favor.

Como si tuviera alguna importancia.

El día anterior, una niña de tres años me había dicho con todas las letras que no tenía nada.

No tenía un Barney.

No tenía un Elmo.

No tenía Teletubbies.

Sólo una relación con un Paco Pico entrado en años (quince más que yo), complicado (divorciado, deprimido y pesimista), difícil de explicar (dormíamos juntos pero no «dormíamos» juntos) y del cual hablaré más adelante.

Y un empleo importante a las órdenes de una diseñadora importante.

El empleo: directora de marketing de Karen Lipps Nueva York.

La diseñadora: metro sesenta y dos, ochenta kilos. Talla cuarenta y ocho si no fuera diseñadora de ropa y no pudiera coserse etiquetas de la treinta y seis en las prendas que llevaba.

Karen Lipps sólo tenía diez años más que yo, pero ya era propietaria de una empresa multimillonaria que acababa de empezar a cotizar en Bolsa; cuatro casas y otra en camino; un marido y una niña, Marissa, de dos años.

Esta última era la responsable de que ya no estuviera tan delgada como antes.

–No está tan delgada como antes..., como antes de tener... la criatura –me susurró en cierta ocasión su servil pero ligeramente malvado asistente británico, Simon Marder.

Acabábamos de salir de una reunión en la que Karen se había puesto especialmente borde por una muestra de pantalones que producían la impresión de que la modelo había comido en las últimas tres semanas, y había arrojado una piel de plátano a Annette, que supervisaba a las modistas encargadas de las pruebas. Cuando Karen arrojaba comida o cualquier otro objeto a alguien, Simon se sentía que era responsabilidad suya (y tal vez su única oportunidad de meter baza en todo el día) deconstruir su patología para cualquier que se aviniera a escucharle.

–La saca totalmente de quicio que la ropa no se ajuste totalmente al cuerpo o cuando se ve el más mínimo pliegue –prosiguió en voz baja–. Considera que es una injusticia crear la ilusión de grasa donde no la hay –Se detuvo para colocarse un mechón de cabello lacio y bastante largo tras la oreja–. Odia la grasa, ¿sabes? Porque odia estar gorda. Claro que la pobre nunca lo reconocería. Mentalmente aún lleva una treinta y seis.

–Eso díselo a sus pantalones –sugerí.

–Lo he intentado, te lo aseguro –suspiró antes de dar una calada descomunal a su Dunhill–, pero la lycra no es infinitamente elástica.

Conocí a Karen cuando su nombre aún no aparecía en vallas publicitarias, autobuses, anuncios de página entera en los periódicos, zapatillas, gorras de béisbol, frascos de perfume y ropa interior; cuando aún se llamaba Karen Lipsky y en verdad llevaba una treinta y seis. Pero a decir verdad, me gustaba más rechoncha. El peso que había ganado y no logrado perder tras el embarazo la tornaba más humana, más vulnerable que cuando la conocí.

Ojalá pudiera decir que fue su increíble talento lo que me atrajo e impulsó a trabajar para ella, su gusto exquisito, su capacidad de diseñar prendas pulcras, sofisticadas y discretas a un tiempo, su lealtad legendaria para con los empleados (por no mencionar la ropa gratuita o extremadamente rebajada que conseguías si trabajabas allí), pero no sería cierto. Cuando la conocí tenía un trabajo que detestaba (como siempre, algunas cosas nunca cambian), y me convencí de que tal vez lograría detestar un poco menos el empleo de marketing que me ofreció.

Al acabar la licenciatura en la Universidad de Michigan me trasladé a Nueva York, encontré un trabajo en una agencia de publicidad (Young & Rubicam) y luego otro en otra agencia de publicidad (J. Walter Thompson). Trabajaba de creativa publicitaria en la segunda cuando Karen nos contrató para posicionar su nueva empresa en el mercado. Acababa de independizarse tras ascender por el escalafón, a veces a codazos, en bastantes casas de diseño de la ciudad durante los años setenta y ochenta, tales como Halston, Perry Ellis, Gloria Vanderbilt…, empresas en las que se había hecho famosa por su ambición sin límites y gran talento, sobre todo los últimos cinco años como diseñadora en jefe de Henri Bendel. Pero aunque había revoloteado de empresa en empresa, todo el mundo sabía de dónde procedía su verdadera inspiración para el diseño de moda femenina: Diane von Furstenberg. El primer empleo de Karen había sido como ayudante suya y siempre había adorado su vestido envolvente.

–Ese vestido es puro genio, puro genio –había repetido en innumerables entrevistas y conversaciones–. Es la quintaesencia de la prenda básica. El corte, el tejido, la caída... En el momento en que me lo puse supe que mi vida había cambiado para siempre.

Y así fue. Justo antes de dejar Bendel's para fundar su propia empresa, creó el concepto y diseño de otra prenda básica: un mono para mujer. Creado en una gama de colores neutros (blanco, negro, marrón, azul marino y gris, para empezar), la «segunda piel» de Karen pretendía convertirse en la piedra angular del guardarropa de toda mujer, una prenda sobre la que pudiera llevarse cómodamente americana, pantalones, jersey o falda de noche. Era una pieza sencilla y sexy, y Karen estaba convencida de que se convertiría en su firma, en el producto que se llevaría consigo cuando se independizara.

Pero surgió un problema.

El mono no se vendió en Bendel's.

Y la razón por la que no se vendió era que otro mono del mismo diseño y material acababa de salir al mercado, concretamente en los grandes almacenes más prestigiosos, como Saks, Neimans y Bloomingdale's, que a diferencia de Bendel's sí tenían tiendas en todo el país. El éxito de aquella diseñadora, Donna Karan, y la desafortunada coincidencia atormentaba a Karen desde entonces. Incluso después de que la estrella de Karen ascendiera y rivalizara con la fama de Donna, la prensa siempre le preguntaba lo mismo. Y si bien nunca la acusaron de copiar el diseño de Donna y pese a que tenían claro que Karen poseía un talento inmenso, mayor, según sabían los más perspicaces, que el de Donna, aquel incidente al inicio de su carrera era una cicatriz en la mente de Karen que jamás desaparecería por completo.

Pero aquel día de hace siete años, durante una de las numerosas y largas reuniones de estrategia a las que Karen insistía en asistir en nuestras oficinas para comentar la creación de su nueva empresa, se me ocurrió la idea, fruto de la desesperación más absoluta, de cambiarle el nombre.

–¿Cambiarme el nombre?

Su cuerpo esquelético basculó en la silla giratoria para encararse conmigo. Karen se mordió los carnosos labios pintados y me miró por encima de la nubecilla de humo que exhaló por la nariz.

–¿Qué quieres decir con cambiarme el nombre?

No tenía ni idea.

Lo que sí sabía era que Karen necesitaba una identidad corporativa antes de la temporada de compra de otoño, y lo único que se nos había ocurrido hasta entonces era *LipskyLook*. Con eso tendríamos suerte si vendíamos su colección en J. C. Penney.*

–Creo que el nombre de su empresa debería reflejar más la filosofía de su diseño –me oí pontificar–. Puede que el nombre ayude a la clienta a identificarse con la ropa.

Karen seguía mordiéndose los labios, pero aún no me había gritado, lo que me pareció una señal alentadora.

–Un nombre...

Hablaba despacio a fin de hacer acopio de todo mi poder de convicción en un solo aliento; a fin de cuentas, era creativa publicitaria y poseía grandes dosis de talento creativo sin explotar...

–... que describa a la mujer que lleve su ropa. Un nombre que sugiera clase, cosmopolitismo, sofisticación, sexo.

Tomé aliento, en parte para no ahogarme, en parte para ganar algunos segundos preciosos, y al hacerlo reparé en su boca, desprovista de su sempiterno lápiz color lodo mate y ansiosa de éxito.

–Lipps** –exclamé de repente.

Escribí el nombre en mi cuaderno y lo sostuve en alto para que viera la segunda p.

–«Karen Lipps».

Pero volviendo sobre el fin de semana del Día del Trabajo en que empecé a dormir con el Paco Pico del Pepinillo.

Era una mañana dominical de septiembre, fresca y despejada, la clase de mañana otoñal que confiere a Nueva York el aspecto

* Grandes almacenes de gama media-baja. [*Nota de la T.*]

** Lipps se pronuncia igual que *lips*, en español «labios». [*Nota de la T.*]

de que vivir allí merece más la pena que ser una estrella de cine. Esponjosas nubecillas blancas surcando un cielo diáfano y despiadadamente azul; elegantes peatones con gafas de sol, vaqueros y camiseta negra de camino a la iglesia de Dean y DeLuca o saliendo del siempre moderno NewsBar con bolsas de papel blanco llenas de bollos de grosella negra, tarta de café y limón o magdalenas de maíz con zanahoria. Por mi parte, yo caminaba por University Place con un café en la mano cuando reparé en una mujer alta, delgada y con un par de piernas perfectas emergiendo de unas bermudas color caqui que empujaba un cochecito de bebé en mi dirección. Cuando el semáforo de la esquina de la Calle 12 cambió, la mujer empujó el cochecito por el paso de peatones y exhibió la sonrisa beatífica de una madre infinitamente feliz. En aquel instante supe que había visto aquella sonrisa en alguna parte, pero no recordaba dónde.

Y de repente se me encendió la bombilla.

El instituto.

A los diecisiete años, Amy Jacobs era todo lo que yo no era. Y ahora, a los treinta y cinco años y teniendo en cuenta al niño del cochecito, seguía siendo al parecer todo lo que yo no era.

Por aquel entonces, Amy sacaba sólo sobresalientes y era una de las chicas más atractivas de la escuela.

Yo sacaba sólo sobresalientes (excepto en matemáticas) y era cejijunta.

Amy formaba parte del equipo femenino de hockey, del de natación y del de gimnasia.

Yo era redactora jefe de la revista literaria, pero me faltaban varios centenares de miles de créditos de educación física, que a punto estuvieron de costarme la graduación.

Amy era popular entre las pijas y los deportistas.

Yo era popular entre las chicas salvajes que no dejaban de intentar arrastrarme a los lavabos para meterme la cabeza en el retrete y tirar de la cadena.

Amy salía con el chico más guapo, simpático e inteligente de la escuela, un adolescente de póster extremadamente sociable llamado Jonathan Glebe, asistente a cursos avanzados de matemáticas, química, francés e inglés, capitán del equipo de fútbol y editor del periódico de la escuela, con el que Amy estaba desde noveno. Tras graduarse, ambos asistirían a Princeton y, por supuesto, más tarde se casarían y vivirían felices por siempre jamás.

Yo, nada de eso.

Como pueden observar, he progresado mucho desde la inseguridad que dominó mi adolescencia.

Me quedé en la acera sin cruzar la calle. Detestaba aquellos momentos. *Saludar o no saludar.* Por fin algo, tal vez el bebé o tal vez el hecho de que, dado mi estado de ánimo aquel día, me dijo que no podría soportar que otra persona me preguntara si tenía «madido», inclinó la balanza y me impulsó a intentar el mutis por el foro.

Pero no cayó esa breva.

–¿Ellen?

Me detuve en seco.

–¿Ellen Franck?

Fingí sorprenderme, como si no acabara de pescarme intentando arrojarme ante los coches que pasaban en un intento desesperado por rehuirla.

–¿Amy...? –farfullé–. Amy...

–Jacobs.

–Amy Jacobs –asentí con falsa perplejidad–. Por supuesto.

–Instituto de Brookline.

–Claaaro.

–Diecisiete años –exclamó al tiempo que apartaba el cochecito del tráfico peatonal y ponía los frenos–. Estás muy guapa. Y sigues teniendo el pelo genial –Puso los ojos en blanco para llamar mi atención sobre su cabello castaño corto y liso–. Siempre te envidié el pelo.

¿Que Amy Jacobs me envidaba el pelo?

Estaba atónita.

Sin embargo, tiré de él hacia afuera con ambas manos movida por la costumbre.

–Pero si eras tú la que tenía el pelo perfecto –repliqué, dejando caer los mechones e intentando deslizar los dedos por entre ellos, pero sin conseguirlo–. ¡Eras tú la que tenía la melena del siglo!

Pronuncié la palabra «tú» como la estuviera acusando de algo espeluznante, lo cual era cierto. La acusaba de haber vivido una adolescencia feliz.

Amy volvió a poner los ojos en blanco.

–Tú tienes mucho; en cambio, yo lo tengo finísimo. Por no mencionar la calva.

Me la quedé mirando mientras se señalaba la cabeza por encima y a la derecha de la frente.

–Calva –repitió con una risita–. Calva, calva, calva.

Casi me cayó bien.

¡Quién lo habría pensado!

¡Amy Jacobs quedándose calva y burlándose de sí misma por ello!

Pero entonces recordé algo.

Jonathan Glebe, quien según me había explicado alguien que lo había pasado igual de mal que yo en el instituto, había estudiado medicina y era tocoginecólogo. Un peso insoportable me oprimió el pecho como una losa cuando imaginé su perfecta vida juntos: su consulta en Park Avenue, las mujeres embarazadas que iban y venían todo el día, su piso fabuloso en un edificio con portero de librea, habitación infantil de FAO Schwartz, pedicuras y manicuras semanales, la niñera que vivía con ellos y a todas luces libraba el domingo...

Había llegado el momento de zanjar aquella conversación.

Pero... No lograba apartar la mirada de aquella monería pepinillesca sentada en el cochecito.

–Qué monada –comenté.

La boca se me hizo agua al ver aquellos grandes ojos castaños, la chaqueta de vellón de Baby Gap y los leotardos de flores. El conjunto me recordaba uno similar que Nicole llevaba su edad. Me incliné para acariciarle el sedoso cabello rubio, pero acabé besándola en la cabeza. A tan escasa distancia, el olor a bebé me oprimió el corazón. Me la habría comido de un solo bocado.

–Gracias.

–¿Cómo se llama?

–Isabel.

–Qué nombre tan bonito. ¿Qué tiempo tiene?

–Ocho meses.

Ocho meses. ¿Caminaría ya? Tal vez. ¿Hablaba? Probablemente no. ¿Sabía ir al lavabo sola? Seguro que no.

A decir verdad, no lo sabía a ciencia cierta. El hecho de que mi hermana y el Pepinillo vivieran en Nueva Inglaterra me impedía conocer de primera mano sus progresos diarios.

–Debes de estar encantada.

–Lo estamos.

Estamos.

–¿Te...?

–¿Si me ocupo de ella todo el día? No, tenemos niñera.

–¿Niñera? Ah, ya. Claro, estupendo.

La consulta debe de ir viento en popa.

–Bueno, la verdad es que la tenemos a jornada completa, pero no vive en casa –aclaró.

Asentí con la cabeza y noté un nudo en la boca en el estómago cuando la niña me sonrió. Me agaché hacia ella, le hice una carota con los ojos muy abiertos al tiempo que emitía ruidos tontorrones con la boca y le froté la barriguita hasta que empezó a reírse. ¿Lo veis? No sólo le caigo bien al Pepinillo.

Amy carraspeó.

–¿Y tú...?

–¿Que si tengo hijos?

No a menos que el Pepinillo cuente. Qué coño.

–No, pero me encantaría.

–Lo entiendo –convino.

No supe interpretar si su expresión era de compasión o satisfacción, pero en cualquier caso me acometió el deseo de alejarme de allí lo antes posible.

–Bueno, mira –dije, desterrando la calidez inicial que había mostrado a causa de su calva–. Tengo que irme.

Acto seguido murmuré algo acerca de mi importante trabajo, la importante semana y la importantísima vida que llevaba, y me puse las gafas de sol Karen Lipps Nueva York.

–Por cierto, ¿a qué te dedicas? –preguntó Amy.

Isabel acababa de meterse todos los dedos en la boca y sonreía babosa. Adorable.

–Trabajo para Karen Lipps. Soy directora de marketing.

¿Y qué si me estaba quedando sin huevos? Al menos tenía trabajo. Y pelo.

–Estupendo –alabó.

–¿Por qué? ¿A qué te dedicas tú?

–Soy abogada especializada en propiedades inmobiliarias.

–¿Eres abogada?

–Sí, ¿por qué? ¿Odias a los abogados?

–No, es sólo que... Bueno, creía que con..., ya sabes, con la niña y todo eso, probablemente no tendrías...

Esperó a que terminara la frase, pero no lo hice.

Al menos no con voz audible.

«Puesto que has sido lo bastante afortunada para tener una hija, no creía que además fueras lo bastante afortunada para tener un trabajo importante.»

De repente, Amy adoptó una expresión incómoda, como si también ella se hubiera hartado de la conversación, lo que confirmaba mi creencia de que el instituto es un lugar que jamás hay que evocar.

–No es mía –confesó antes de ruborizarse como un camión de bomberos y lanzar una carcajada culpable–. Es de mi hermano. A veces finjo que es mía. ¿Qué hay de malo en eso? –De repente miró a su alrededor y sonrió sin pizca de culpabilidad–. No es que lo haga con la gente que conozco, sólo aquí, en el parque, con los desconocidos. Y ni siquiera lo hago adrede. Las palabras se me escapan de repente y en ese momento parecen...

–... verdad –terminé por ella–. Lo sé; hago lo mismo con mi sobrina. Bueno, ¿qué ha sido de ese novio que tenías?

–¿Jonathan? Es una larga historia. ¿Qué me dices de ti? ¿Algún potencial...?

–¿… donante de esperma? La verdad es que no. También es una historia muy larga.

–Me encantaría escucharla.

–Pues deberíamos quedar algún día y formar el Grupo de las Mamás Imaginarias.

–Podría contratar a una canguro.

–O pagar horas extra a tu niñera.

Amy se echó a reír y sacó la agenda.

–Esta semana me va fatal.

–A mí también –corroboré mientras hojeaba mi agenda multicapa y multiuso con separaciones de colores que pesaba unos cinco kilos–. Y las próximas dos también. Tengo dos bodas y una canastilla.

–Yo tengo dos canastillas y un bautizo.

Tras contemplar veintitrés posibles citas distintas para comer, tomar algo y cenar, por fin coincidimos en una: cenar el jueves tres semanas más tarde.

–Por cierto, ¿te gusta tu trabajo? –le pregunté.

–No. ¿Y a ti el tuyo?

–No.

Nos sonreímos e intercambiamos tarjetas.

Tenía la sensación de que por fin íbamos a hacernos buenas amigas.

4

No es que necesitara más amigas.

Ya tenía suficientes.

O eso creía.

Sin embargo, en retrospectiva comprendo que las amigas solteras o sin hijos habían ido menguando de forma constante a lo largo de los años sin que me diera demasiada cuenta de ello.

Primero los emparejamientos más recientes:

Lisa: *prometida.*

Katie: *prometida.*

Nicky: *prometida.*

Luego, los semirrecientes:

Susan: *casada desde hacía seis meses.*

Jill: *casada desde hacía un año.*

Cathy: *casada desde hacía dos años.*

Y las que llevaban varios años formando familias a la chita callando:

Julia: *casada desde hacía seis años. Dos hijos de cinco y dos años.*

Anne: *divorciada dos veces. Un hijo de cinco años.*

Rachel: *soltera. Sin novio. Bebé del banco de semen en camino.*

Y por supuesto, mi hermana.

Casada desde hacía cinco años.

Un Pepinillo.

Sólo me quedaban tres amigas íntimas solteras y sin hijos. Francine, una amiga de Michigan que ahora daba clases de inglés en un instituto de Los Ángeles; Jana, una creativa publicitaria de Young & Rubicam con la que me llevé bien desde el primer día; Renee, mi mejor amiga del trabajo... En realidad, ahora eran cuatro incluyendo a Amy. Puesto que era la única que quería tener hijos, su aparición o, mejor dicho, reaparición, era bastante providencial, por no decir reconfortante, dada la similitud de los síntomas de nuestro Trastorno de Envidia Filial.

En las semanas siguientes al encuentro casual con Amy me preocupé bastante por nuestra inminente cena, no porque estuviera nerviosa, sino porque temía sufrir una decepción. Había experimentado tal chispa, tal sensación de camaradería instantánea con ella, la percibía como un alma gemela, alguien que comprendía que la locura terminal del Trastorno de Envidia Filial no era tal locura terminal, sino simplemente la manifestación visible de nuestro deseo normal y natural de procrear y de conectar con alguien externo a nosotras.

Si bien mis otras amigas, tanto las que tenían hijos como las que no, e incluso mi hermana aceptaban ese rasgo de mi personalidad y no intentaban disuadirme de mis ideas (a fin de cuentas, querer ser madre era un deseo positivo, a diferencia de esnifar coca, por ejemplo), jamás confundí su aceptación con verdadera comprensión. Hasta que me topé con Amy, hasta aquel instante en la acera cuando intentó convencerme de que su sobrina era su hija y ambas nos sinceramos, terminándonos las frases la una a la otra en el proceso, siempre me había sentido como un bicho más que raro.

En las tres semanas anteriores a la cena intenté convencerme de que la gente cambia, sobre todo en diecisiete años. Al fin y al cabo, Amy no había aparecido blandiendo el palo de hockey ni ataviada con su cazadora del instituto, pese a que en mi mente marca «los elefantes no olvidan y las empollonas tampoco» la visualizaba así. La conclusión a la que había llegado, los juicios precipitados que había emitido sobre la base de nuestro breve encuentro en la calle (*estaba casada, tenía un hijo y por lo tanto era feliz..., y por lo tanto seguía ganando*) no eran más que la prueba de que la que no había cambiado era yo. Pese al transcurso del tiempo y el «crecimiento personal» que en apariencia lo acompaña, pese a los logros profesionales, los años de terapia con sus exquisitas epifanías y avances alteradores del comportamiento, pese a las relaciones amorosas que (esperémoslo) se tornan cada vez menos patológicas a medida que creces y maduras, pese a todo ello, en el fondo, me producían inseguridad y desconfianza las personas que parecían llevar una vida sin complicaciones. Como Amy. Si su vida había sido o no un infierno desde el día de la graduación o perfecta desde todos los puntos de vista no debería haberme importado por las razones por las que me importó. Su éxito no significaba necesariamente mi fracaso, y viceversa. Y antes de volver a verla tenía que repasar los años en que sí significaba eso para mí.

Había reservado mesa para las siete y media en el Cafe Loup, un bistró francés iluminado con suavidad y pretencioso en extremo que estaba en la 13 Oeste. Aunque vivía en el Upper West Side, Amy aseguró que no le importaba quedar tan lejos, pues de todos modos, ambas trabajábamos en el centro. Me alegré de que aceptara, pues cuanto mayor me hacía, más intolerante me había vuelto hacia los restaurantes ruidosos donde no oyes a la persona que tienes sentada delante. Entre otras cosas.

–¡Espera! –exclamé cuando nos sentamos, interrumpiendo una anécdota hilarante acerca de un cambio de pañales que había acabado en desastre sobre la alfombra oriental de alguien–. Quiero saber qué has hecho desde 1980.

–¿Quieres decir que nos conviene contextualizar esta enfermedad mental?

–Exacto.

Me gustaba esa mujer. Probablemente no era lo bastante perversa como para tener un ejemplar del *Manual diagnóstico y estadístico* (la biblia de todo comecocos) sobre la mesilla de café, pero comprendía a qué nos enfrentábamos.

–¿Quieres que empiece por el instituto?

–No –repuse, magnánima, como si estuviera dispuesta a permitir que se librara del tormento–. Empieza por la graduación.

–Que es cuando todo empezó a ir cuesta abajo.

Tomó un sorbo de vino y respiró hondo, como si hiciera acopio de suficiente energía para referir diecisiete años de historia personal en una sola frase.

–Vale. Recuerdas a Jonathan, ¿no? Bueno, pues al acabar el instituto nos fuimos juntos a Princeton, yo a estudiar filología inglesa, él a la escuela preparatoria de medicina. Todo el mundo daba por supuesto..., bueno, que nos casaríamos. Hablábamos de matrimonio, sus padres hablaban de matrimonio, mis padres hablaban de matrimonio. La única cuestión era la fecha. Como es natural, íbamos a esperar, desde luego, a que él entrara en medicina y probablemente hasta que se doctorara.

Se llevó la copa de vino a la mejilla.

–Nos licenciamos en Princeton y fuimos juntos a Columbia, yo para estudiar Derecho y cambiar el mundo como siempre nos decía el señor Collacci, nuestro profesor de historia americana en el instituto. No es que los abogados especializados en propiedades inmobiliarias cambiemos el mundo precisamente, pero... En cualquier caso, vinimos a Nueva York, estudiamos, nos graduamos y nos quedamos para que Jonathan pudiera hacer aquí sus prácticas como interno y residente. Yo conseguí empleo en Davis y Polk, y encontramos un piso estupendo en la 72 Oeste, que pagaban sus padres en concepto de regalo de compromiso.

–Y eso fue hace... ¿seis años? –intervine tras hacer unos rápidos cálculos mentales.

Intenté recordar qué estaba haciendo yo por entonces. Acababa de alquilar mi piso, me estaba recuperando de una ruptura más que desagradable con Ross, un compañero de J. Walker Thompson, en las postrimerías de esa ruptura, pero no por su causa, di aviso a J. Walker Thompson de que me iba y estaba a punto de empezar a trabajar para Karen Lipps Inc. a tiempo completo.

–Siete.

–Perdona. Sigue.

–Y entonces nos prometimos. Y empezamos a planificar la boda, que es cuando empecé a preguntarme dónde narices me estaba metiendo.

El camarero llegó para llevarse las ensaladas y dejar los filetes, el suyo poco hecho, el mío pasado. Resultó que las dos estábamos con el síndrome premenstrual y muertas de hambre, de modo que por un rato nos concentramos en aquellas montañas de carne.

–¿Por qué empezaste a preguntártelo entonces? Llevabais juntos desde undécimo o algo así, ¿no?

–Noveno –puntualizó ella, intentando contener una carcajada traidora.

Aún no podía creer que la gente tuviera novio en noveno. Ni en duodécimo. Pero puesto que quería escuchar el resto de la historia, dejé correr el detalle.

–Y de repente te diste cuenta de que...

–De que hacía mucho tiempo que me faltaba algo y de que ya no podía seguir pasando de ello.

–¿Qué te faltaba?

Amy se encogió de hombros y me miró con cierta timidez.

–¿En una palabra?

Asentí con la cabeza.

–Sexo.

Eso lo comprendía perfectamente. La ausencia de sexo, quiero decir.

–Ya nunca hacíamos el amor. Bueno, alguna que otra vez, después de perseguirlo por toda la cama, lo que me hacía sentirme fatal.

Dejé el tenedor y el cuchillo en el plato. Otra cosa que me parecía increíble; Amy Jacobs persiguiendo a Jonathan Glebe por toda la cama en busca de sexo.

–¿Hablasteis alguna vez de ello?

–Lo intenté, pero por lo visto, a él no le parecía que hubiera ningún problema en nuestra relación. No le parecía que no hacer el amor con la persona con la que estás fuera anormal.

Ay, cuando le contara mi historia.

–O sea que no es que no quisiera casarse contigo.

–No. De hecho, estaba increíblemente entusiasmado. Estaba mucho más pendiente que yo de los detalles y la logística. La fecha, el lugar, el número de invitados, la comida. Por el amor de Dios, si podría haber montado una empresa de catering y hacerse de oro. En fin, unos dos meses antes de la boda, cuando ya habíamos impreso las invitaciones, pero sin enviarlas, descubrí por fin en qué consistía el problema. Jonathan era homosexual.

–¿Cómo lo descubriste?

–Me lo dijo él mismo –repuso Amy antes de apartar el plato con una sonrisa–. Una noche, después de perseguirlo otra vez por toda la cama sin conseguir nada, lo llamé maricón.

De repente parecía avergonzada, tanto por haber empleado aquella palabra como por la escena que la había impulsado a emplearla.

–Y entonces se sentó en la cama y me dijo que sí, que era maricón. Y ya está. Doce años tirados por la borda así por las buenas. Me marché al cabo de dos días; volví a casa de mis padres, en Long Island, donde viví seis meses, hasta que reuní el valor suficiente para volver a empezar.

Había oído hablar de mujeres casadas con hombres cuya homosexualidad desconocían, pero nunca había conocido personalmente a nadie que hubiera estado tan cerca. Me resultaba inconcebible que alguien pudiera volver a confiar en su capacidad de discernimiento, volver a contar con la percepción para saber que estaba en lo cierto o al menos no del todo equivocado, por no hablar de llegar a un punto en el que consiguiera narrar la historia con cierta dignidad, como acababa de hacer Amy. Pero… ¿cuánto tiempo hacía que lo sabía él? ¿Tenía intención de contárselo? Se lo pregunté en cuanto el camarero se llevó los segundos.

–No lo sé; no me lo dijo. Pero creo que lo sabía desde hacía mucho tiempo, probablemente desde el instituto. Lo que convierte la relación en una farsa aún mayor.

Nos apartamos un poco de la mesa para que el camarero pudiera dejar los cafés.

–Por supuesto, anulé la boda y le devolví el anillo. Sin embargo, aún tengo el vestido. Ya sabes, por si en una de aquellas a alguien se le ocurre pedirme que me case con él.

Me pregunté cómo podía haber estado con Jonathan tanto tiempo sin conocer la esencia de su ser, de su personalidad, pero tal vez no era tan raro. ¿Acaso no llevaba yo saliendo un año con un hombre cuando me enteré de que tenía un hermano gemelo? ¿Acaso no había ignorado en dos ocasiones, con dos hombres distintos, que me engañaban? Cuando eres joven e ingenua, y deseas algo o a alguien con la suficiente intensidad (en el caso de Amy, el matrimonio, un marido médico y una vida normal; en el mío, alguna conexión de cualquier duración) consigues de alguna manera no ver a los enormes elefantes color de rosa despatarrados en tu habitación.

–¿Y entonces?

–Entonces murió mi madre –musitó Amy con la cabeza baja.

–Lo siento.

–Gracias. Estábamos muy unidas –Consiguió esbozar una leve sonrisa antes de continuar–. Así pues, ahora, dos años después de mi madre y cinco años después de Jonathan y de la sequía sexual más larga de la historia, salgo con Will, que está a punto de acabar la tesis en literatura americana por la Universidad de Nueva York o bien convertirse en un fracaso absoluto a todos los niveles.

–¿Cuántos años tiene?

–Treinta y ocho.

–¿Guapo?

–Mucho.

–¿Orientación sexual?

–Heterosexual.

–¿Estás segura?

–Del todo.

–¿Sexo?

–No se cansa nunca de mí.

–¿Estás enamorada?

–Como una tonta.

Sabía que alguna trampa debía de haber, pues siempre la hay.

–¿Y cuál es el problema?

–Que no está preparado para vivir conmigo. Ni para casarse. Ni para comentar siquiera la idea de vivir conmigo. O de casarse. Por eso estoy tan obsesionada con mi sobrina, porque a este paso, las conversaciones sobre hijos tendrán que esperar hasta bien entrado el próximo milenio.

Grave problema teniendo en cuenta que la máquina expendedora de bolas de chicle de Amy también se estaba quedando sin huevos.

–¿Y qué me dices de ti? –preguntó mientras removíamos el café descafeinado y atacábamos una porción de tarta de chocolate sin harina de un dedo de grosor–. ¿Ningún compromiso humillante con alguien que luego resultara ser homosexual?

No, le respondí. Sólo el novio medio serio de la universidad al que había amado con esa intensidad ignorante, incompleta y confusa con que se ama cuando se es demasiado joven para hacer otra cosa.

Y la retahíla de novietes de corta duración que habían caído como soldaditos de plomo durante los años en que aún me sentía joven y creía tener toda la vida por delante.

Luego el que me rompió el corazón en mil pedazos y sin avisar.

Luego aquel con el que me habría casado de no haber estado ya casado.

Y luego el momento en que empecé a sentirme como si hubiera pasado de ser una joven en edad de merecer a una de esas mujeres que nunca se ha casado.

–La verdad es que ahora tengo una relación muuuuy prometedora –expliqué con una carcajada y alargando la palabra al máximo para denotar ironía.

–¿Con?

–Malcolm.

–¿Que tiene...?
–Cuarenta y siete años.
–¿Atractivo?
–Mucho.
–¿Cuánto tiempo llevas saliendo con él?
–Unos seis meses.
–¿Casado?
–Una vez. Divorciado.
–¿Hijos?
–Tenía uno, un hijo... –Respiré hondo antes de proseguir–: Murió hace cinco años.

Amy hizo una mueca.

–¿Cómo? –murmuró.
–Leucemia.
–Dios mío.
–Sí. Acababa de cumplir siete años.

Me miró para saber qué debía añadir sobre el tema, pero meneé la cabeza y me encogí de hombros.

–¿Profesión? –preguntó entonces.
–Escritor.
–¿Apellido? –inquirió con las cejas enarcadas.
–South. M. C. South.
–He oído hablar de él. Es famoso.

Era famoso.

–Escribió algo sobre escuelas urbanas conflictivas, ¿no?
–Para el *New York Times*. Ganó el Pulitzer.

Asintió impresionada.

–Pero también ha escrito libros, ¿no?
–Dos, pero hace bastante que no publica nada.

Más de una década.

–Después de publicar los dos libros escribió mucho tiempo en varias revistas –continué–. *Esquire, New York Magazine, The New Yorker.* Ahora da clases en la Nueva Escuela. Así nos conocimos. Asistí a un curso que da allí –Recordé el currículo que había distribuido la primera tarde junto con el programa del curso–. Dice que está acabado, pero yo prefiero pensar que ha llegado al final de una trayectoria descendente y está a punto de resurgir.

–¿Y bien? –acució Amy, abriendo oficialmente el debate sobre Malcolm.

–Y bien. Los problemas. En primer lugar, está deprimido porque su vida ya no es lo que era a causa de lo que ha sucedido en su vida personal a lo largo de la última década. En segundo lugar, toma Prozac, así que no está..., bueno, ya sabes...

–¿Interesado en el sexo?

Ladeé la cabeza y enarqué una ceja. ¿Cómo lo sabía?

–Will lo tomó durante unos meses el año pasado, después de perder otro tren importante. Pero se dio cuenta de que, dado ese efecto secundario en particular, le convenía más dejar la medicación.

–Por desgracia, no creo que eso sea aplicable a Malcolm.

–Eso parece.

–Y en tercer lugar –proseguí, a punto de llegar al punto crucial–, es brillante, divertido, estrafalario, interesante y confuso en todos los sentidos, pero de una cosa está completamente seguro. No quiere tener más hijos a causa de lo que le pasó al primero.

–No sé por dónde empezar –suspiró Amy por fin.

Yo tampoco, la verdad.

Deslicé las manos por el pelo e intenté decidir cómo explicar el fenómeno Malcolm y nuestra relación, no sólo por Amy, sino también por mí misma. Cada vez que trataba de clasificar los complejos elementos de nuestra situación y examinar la suma de sus partes, siempre acababa perpleja y triste, como si acabara de perder algo que no sabía si había poseído alguna vez.

–Te va a parecer una locura –dije por fin–, pero pese a los inconvenientes, esos inconvenientes obvios, ineludibles, problemáticos y profundamente irónicos, nos llevamos muy bien, creo. Comemos juntos, dormimos juntos, pasamos fines de semana juntos... Y como no hacemos el amor, hablamos sin parar, así que aparte de la sensación de salir con Paco Pico, una especie de novio grande, corpulento, divertido, extraño, amable, generoso y asexual...

–Que deambula por Barrio Sésamo cargado con un montonazo de equipaje... –añadió Amy.

–... la verdad es que nunca había tenido una relación tan normal.

–Ni estado tan descansada.

–Ni tan bien alimentada.

Ni tan poco asustada.

5

Malcolm no siempre había estado paralizado; se paralizó cuando me conoció.

Al menos, eso dice.

Lo cual no es tan espantoso como suena, porque me conoció justo cuando empezaba a tomar los antidepresivos destruyelíbidos, que fue justo cuando su carrera se dio una última zambullida en el oscuro océano del olvido. Sin embargo, sospecho que sus problemas de intimidad empezaron mucho antes de mi aparición en escena, después de que su hijo muriera y su matrimonio quedara aplastado bajo el peso abrumador del dolor.

Lo cual lo empujó a la bebida.

Lo cual le provocó un profundo bloqueo creativo.

Lo cual, según se demostró más adelante, lo llevó hasta mí el invierno pasado, cuando asistí a su curso nocturno sobre Historia del Periodismo Impreso en la Nueva Escuela.

Así nos conocimos.

Se mire por donde se mire, nuestros inicios fueron de lo más anodino. Una noche muy fría, gélida, después de la segunda clase, le hice una pregunta que me contestó. A continuación solté un comentario desdeñoso sobre mi trabajo al que respondió de forma más directa de lo que esperaba.

–¿Y por qué lo haces? –espetó.

–Porque no sé qué otra cosa hacer.

Esbozó una sonrisa irónica, lo que me dio la sensación de que me había escogido para compartir un chiste que sólo él conocía.

–Lo comprendo. ¿Y por qué más?

Era una noche tenebrosa de mediados de febrero. Por la ventana del aula del tercer piso contemplé la negrura helada a través de nuestros reflejos.

–Porque no sé hacer nada más.

–Eso también lo comprendo, sólo que en tu caso, es evidente que no es cierto.

–¿Por qué en mi caso?

–Porque a diferencia de mí, eres joven.

–Tengo treinta y cinco años; no soy tan joven.

–Sí lo eres. Cuando a los cincuenta estás en las últimas, treinta y cinco no es nada.

Se frotó el rostro en la zona donde le habría crecido la barba de haber tenido barba, un rostro que aparentaba cuarenta y dos o cuarenta y tres años a lo sumo, tan sólo arrugado en el ceño y en torno a la boca. Profundos ojos castaños rodeados de blanco intenso, cabello abundante y liso aún oscuro, surcado por escasísimas canas.

–Y a todas luces eres competente, ya que de lo contrario no tendrías el trabajo que tienes, por repugnante que te resulte, según dices.

Me quedé mirando su figura sentada en el canto de la mesa, con los brazos cruzados. Era alto, de hombros anchos, y con las mangas subidas y la corbata aflojada casi lo veía tal como debía de haber sido hace quince años, en la cumbre de su carrera, resuelto, arrebatado, apasionado.

–Ya encontrarás la solución cuando estés preparada. Dejarás tu trabajo y encontrarás otra actividad.

–¿Cómo lo sabes? –inquirí, aunque lo que en realidad quería saber era cómo podía ver mi futuro si no lo veía ni yo.

–Lo sé.

Se volvió y empezó a recoger las notas y libros que había desparramado sobre la mesa al principio de la clase.

–Lo sé porque sospecho que ya sabes lo que quieres hacer, pero no estás preparada.

Sentí que me ruborizaba, no sólo porque me hubieran descubierto, sino por la emoción secreta y halagadora de que alguien fuera capaz de ver en mi interior con tamaña claridad.

–Es posible –mentí.

Se encaró de nuevo conmigo y me miró con fijeza, como desafiándome a que le contara de qué se trataba. Pero no dije nada; no lo conocía lo suficiente para reconocer que lo que quería hacer a continuación era tener un Pepinillo.

–Un tipo tan mayor y soltero o está chalado o es marica –sentenció Renee cuando le referí la curiosa conversación que había sostenido la noche anterior con mi profesor.

Eran las siete y media, temprano para estar en la oficina, sobre todo para mí, que solía aparecer alrededor de las diez los días buenos, pero no para Renee. Siempre llegaba a las siete, y la ética profesional y su necesidad obsesiva de organizarse al comienzo de cada día era sólo una parte de la razón. Renee sufría la clase de insomnio que te despierta en plena noche, concretamente a las cuatro de la madrugada, con tal precisión que se podía poner el reloj en hora con sus despertares, como siempre decía. Por ello, después de mirar los episodios matutinos de *Perry Mason* iba al gimnasio y luego al trabajo, donde después de ordenar su despacho y mesa ya ordenados confeccionaba una lista de las cosas que debía hacer aquel día. Siete tazas de café y diez cigarrillos más tarde llegaba yo y me sometía sus torturas. Y entonces se despabilaba de verdad.

Mi temprana llegada le rompió los esquemas. Dio una chupada especialmente larga a su Marlboro y enarcó las cejas cuando entré en su despacho para explicarle que la razón por la que había llegado tan pronto era que no había dormido. Me senté en una de sus dos butacas gemelas tapizadas de verde guisante y tomé un sorbo del café con leche que había comprado por el camino.

–Estas cosas son tan... –dije, mirando la boquilla de plástico blanco del vaso de papel que contenía el café–. No sé, infantiles. Mira esto, esta especie de gigantesco...

–Pezón –terminó por mí Renee.

–Eso. Montones de gente caminando por la calle, en oficinas y aeropuertos, chupando, chupando, chupando... Queda fatal.

Renee no parecía nada interesada en el tema.

–¿Y bien?

–¿Y bien qué?

–¿Cuál de las dos cosas es?

Meneé la cabeza como siempre que soltaba una generalización absurdamente exagerada que, en el fondo de mi corazón, me parecía acertadísima. A los cuarenta y cinco años, Renee Friedman era la jefa de diseño de la nueva línea masculina, una colección aún en proceso de producción que se presentaría en otoño, y mi mejor amiga del trabajo. Era todo lo sarcástica y cínica que una puede ser sin suicidarse o hacer que alguien te mate, un defecto de personalidad que siempre achacaba a «una vida entera saliendo con chalados y diseñando para maricas». Sin embargo, pocos además de mí sabían que habría dado un brazo y las dos piernas por un hombre que la quisiera.

¿Chalado o marica?

¿Chalado o marica?

¿Cómo quería que lo supiera?

–Bueno, ¿cómo iba vestido? –preguntó al tiempo que encendía otro cigarrillo y me echaba el humo a la cara para conferir más énfasis a sus palabras.

–Normal y corriente –repuse, lo que descodificado significaba «no homosexual»–. Traje –aunque la americana había permanecida colgada en el respaldo de la silla durante toda la clase–. Camisa blanca. Corbata de Armani.

–Lástima que no fuera Versace; eso lo habría delatado sin ningún género de duda, porque sólo los chulos y los maricas llevan Versace.

Se interrumpió para inspeccionar una posible bolita de pelusa en el jersey de cachemira negra y cuello en pico que llevaba metido en la cinturilla de unos pantalones grises de hombre.

–O sea, conservador y no cohibido. Nada de pantalones con raya, ni maletín de Prada, ni zapatos Gucci.

No, no y no.

No obstante, Renee seguía tan escéptica como siempre, pues para ella, todos los hombres eran maricas hasta que se demostraba lo contrario.

–Entonces está chalado.

–No lo creo –contradije, meneando de nuevo la cabeza.

–No lo crees..., y punto.

–Mira, antes era un escritor famoso y ahora da clases.

–En la escuela nocturna del barrio.

–No, en la Nueva Escuela.

–Da igual.

–No da igual.

–Bueno, ¿por qué no se lo preguntas?

–¿Preguntarle qué?

–Si está chalado o es marica. Vas a verlo después de la próxima clase y le dices: «Oiga, señor Comosellame, puesto que es usted tan mayor y no está casado, dígame: ¿Está usted chalado o es marica?» Eso es lo que haría yo.

–No lo harías.

–Sí lo haría.

–Chorradas.

–Que te den por el culo, pues no se lo preguntes –espetó, a todas luces harta de mí, y se volvió de nuevo hacia su lista–. Pero luego no me vengas a llorar cuando descubras que es una de las dos cosas. O ambas.

No puede descubrir nada acerca de Malcolm durante las siguientes dos semanas porque el jueves por la noche, día de clase, Karen me obligó a asistir a una gran gala benéfica en pro de los enfermos de sida de la que que era coanfitriona junto con Donna Karan.

–Necesito a todos mis amigos cerca –me confesó Karen con algo que casi podría tildarse de humildad, una actitud rarísima en ella–. Ya sabes cuánto me odia Donna.

De modo que asistí a regañadientes, aunque pasé casi toda la noche haciendo caso omiso de los discursos y pensando en Malcolm.

Ya había buscado por Internet y encargado en edición de bolsillo sendos ejemplares de los libros que había escrito, *Promesas rotas*, una ampliación de la serie que había publicado en el *New York Times* sobre la educación en las ciudades, y *La bancarrota de Manhattan*. También había efectuado una búsqueda por Nexus en el despacho e impreso abundante material acerca de él: críticas de sus libros, reseñas escritas sobre él cuando ganó el Pulitzer, artículos que había escrito a lo largo de los años para distintas revistas. Si bien había actuado movida por una curiosidad inocente, mis pesquisas me hicieron sentir como si hubiera pasado la semana entera haciendo de investigadora privada, y al dirigirme hacia su mesa después de clase no pude evitar sentirme un poco culpable.

–¿Dónde estuviste la semana pasada? –me preguntó.

Esbozó una sonrisa maliciosa al escuchar mi explicación.

–Creía que después de nuestra pequeña conversación habías decidido hacer eso que no me querías contar.

–Me temo que no soy tan impulsiva.

–Me sorprende.

–¿Por qué?

–No lo sé –reconoció con un encogimiento de hombros, como si me hubiera revelado demasiadas cosas al darme a entender que había pensado en mí y en lo que había dicho la semana anterior–. Supongo que me pareces una persona voluntariosa, alguien capaz de levantarse un buen día, dejar lo que está haciendo y no volver a mirar atrás.

O dejar a alguien y no volver a mirar atrás, interpreté más adelante.

–¿Quién? ¿Yo? –exclamé con una mueca exagerada–. Soy todo lo contrario, totalmente apalancada. Odio los cambios, siempre soy la última en dejar un empleo, en salir de una relación, en...

–¿Salir de clase? –terminó la frase al tiempo que me conducía hacia la puerta–. ¿Te apetece ir a tomar algo?

Era una noche inusualmente cálida para el mes de marzo. Malcolm y yo cruzamos la Calle 12 y recorrimos University Place hasta Cedar Tavern, un bar antiguo y tenebroso adonde iban a beber todos los grandes pintores de los cincuenta, como Jackson Pollock, Willem DeKoenig y Jasper Johns. Sin embargo, se había convertido en un bareto algo cutre, en el antro del barrio al que vas cuando no se te ocurre ningún otro sitio. En la barra había dos taburetes desocupados; Malcolm me guió hacia ellos y apartó uno un poco mientras yo dejaba mis bolsas en el suelo.

Pidió una Coca Cola con limón, y yo un agua mineral con hielo y lima. Cuando nos trajeron las bebidas o «refrescos», como se refirió Malcolm a ellos, nos concentramos en las pajitas, las rodajas de fruta y la mezcla apropiada del líquido.

–Por si no lo habías adivinado, ya no bebo –explicó Malcolm–. Quería mencionártelo en este contexto de revelaciones sinceras.

–Ya me lo imaginaba.

Yo tampoco bebía mucho. En un momento dado de mi vida, el alcohol había dejado de hacerme sentir joven y feliz para dejarme en el cuerpo una sensación de vejez y cansancio.

–Eres muy observadora –comentó con cierto sarcasmo–. ¿Qué me ha delatado?

–No sé –repuse, encarándome con él, tan cerca que podía mirarlo a los ojos y advertir en ellos la resignación–. Casi todos los escritores beben –dije por fin–. Sobre todo los periodistas.

No quería añadir que su rostro tenía ese aspecto levemente estragado de quien había llegado al punto del sendero de la perdición al que siempre me había dado tanto miedo llegar, ese punto henchido de dolor, pérdida, soledad y pena.

–Lo he supuesto, nada más –agregué a toda prisa.

Malcolm se metió un cubito de hielo en la boca y empezó a morderlo.

–Eres amable –sentenció–. Puede que demasiado amable.

–No se puede ser demasiado amable. La amabilidad es un bien escaso hoy en día.

–Tienes mucha razón, pero en cualquier caso, has sido muy amable al referirte a mí como el escritor que ya no soy.

–Sí que lo eres.

–Soy profesor –replicó antes de ponerse a mascar otro cubito de hielo.

–Eres escritor y profesor.

Malcolm no refutó la afirmación y durante un rato hablamos de otras cosas.

Del curso.

De los libros que había escrito.

De la ciudad y de qué nos parecía vivir en ella.

De muchos temas fáciles de abrir y zanjar.

Mientras hablábamos percibí que lo que lo había hecho descarrilar lo había dejado perdido, atascado, incapaz de encontrar el camino de vuelta.

–Echas de menos escribir –constaté más que pregunté.

Por un instante pareció distraído mirando un partido de baloncesto que transcurría mudo en el televisor instalado sobre la barra.

–Sí –asintió por fin–, pero no tanto como echo de menos otras cosas.

–¿Qué otras cosas?

Apuró la Coca Cola y se llevó la mano al bolsillo en busca de la cartera para pagar la cuenta.

–Es una historia muy larga y no quiero contártela esta noche.

Por su tono de voz supe que el tema quedaba zanjado por el momento.

–Confía en mí –continuó cuando nos dirigíamos a la puerta–. Te acompaño a casa.

Vivía a pocas manzanas del bar. Recorrimos el camino casi en silencio; sólo se oían nuestras pisadas sobre el pavimento. Aún era temprano, apenas las diez, y el Village estaba desusadamente tranquilo para una noche de entre semana. Mientras estábamos en el bar había llovido, y las calles aún mojadas y relucientes arrancaban chasquidos pegajosos a los neumáticos de los taxis. Malcolm me acompañó hasta mi edificio de ladrillo, mi hogar, mi refugio durante los últimos seis años, el período más largo que había pasado en un solo lugar tras marcharme de casa de mis padres hacía ya tanto tiempo.

Se detuvo, yo me detuve. Malcolm parecía algo incómodo, allí de pie, con las manos embutidas en los bolsillos.

–Gracias –dijo por fin.

–¿Por qué?

–Por la conversación.

–No tienes por qué darme las gracias. Lo he pasado muy bien.

–Yo también.

Tras unos segundos de silencio le pregunté si quería subir.

–No tengo Coca Cola, pero sí unas diez clases distintas de agua.

–En otra ocasión –murmuró.

–Ah, bueno... Vale.

Instintivamente retrocedí un paso, avergonzada por la posibilidad de que mi invitación le pareciera demasiado agresiva o de que no estuviera interesado.

–Hasta luego, Ellen –se despidió antes de dar media vuelta y echar a andar hacia las lejanas luces de la Sexta Avenida.

La única explicación que tengo para enrollarme con un hombre paralizado es que a la sazón no sabía que estaba paralizado. Y cuando lo descubrí ya era demasiado tarde..., demasiado tarde para dar media vuelta, para apartarme de alguien que parecía necesitar tanto, que parecía necesitarme tanto..., y a quien yo también llegaría a necesitar.

Ni siquiera lo descubrí la primera noche que subió a mi piso y se quedó a pasar la noche después de un mes de conversaciones en Cedar Tavern. Achaqué aquella primera noche a la conversación que habíamos sostenido horas antes, cuando me habló por fin de su hijo, su mujer, su familia, su carrera..., todo lo que había perdido. Fue la clase de conversación de la que no puedes alejarte una vez ha concluido, de modo que cuando llegamos a mi casa, le toqué el brazo, y no se apartó, lo consideré una señal. Tiré del puño de su camisa, deslicé los dedos entre los suyos y lo llevé escalinata arriba, crucé con él el portal y juntos subimos la escalera que conducía a mi piso.

Una vez dentro se situó en el centro del salón mientras yo dejaba mis cosas y encendía la lamparita de la esquina de la librería. Sabía que su mente funcionaba a toda velocidad, absorbiendo cuantos detalles podía. Cualquiera que no supiera cómo se había ganado la vida durante tantos años y con tanto talento, habría creído que intentaba situarse en un territorio desconocido. Pero cuando fui a la cocina para buscar agua observé que sus ojos no cesaban de moverse. De los libros a las pequeñas fotografías enmarcadas de Lynn, Paul y Nicole, de los papeles apilados sobre la mesa a la puerta de mi dormitorio. Sabía que me estaba evaluando y examinando para intentar comprenderme.

Me senté en el sofá y dejé los vasos de agua sobre la mesa frente a mí.

–¿En qué estás pensando? –pregunté por fin.

Me miró por el rabillo del ojo y fingió interesarse única y exclusivamente por la gama y el alcance de los libros que atiborraban la estantería.

–En que debes de leer mucho.

–Antes sí, pero ya no –repuse, aunque sabía que en realidad estaba pensando en si debía o no poner pies en polvorosa antes de que pasara algo.

Intenté leerle el pensamiento, decidir si debía comentar que no hacía falta que nos acostáramos juntos esa noche si él no quería, pero que podíamos hacerlo si le apetecía, que después de la conversación del bar, lo único que quería era estar con él. Pero antes de que pudiera decantarme por una de las opciones, Malcolm se acercó despacio al sofá, se sentó, me miró las manos aferradas a las rodillas, se acercó más y me tocó la mejilla.

Luego me besó.

Recuerdo que fue un beso inusual, torpe pero apasionado a un tiempo, vacilante y urgente, como si se hubiera obligado a precipitarse al abismo, como si besar a una mujer fuera una experiencia que hubiera imaginado, anticipado y temido durante largo tiempo. Recuerdo haberme dado cuenta de que temblaba de pies a cabeza, pero también recuerdo estar segura de que el temblor cesaría en cuanto las luces se apagaran, en cuanto estuviéramos en la cama y nuestros cuerpos hubieran tenido ocasión de acostumbrarse uno al otro, como siempre sucedía con la timidez y la torpeza de la primera vez.

Me levanté, y Malcolm me siguió por el pasillo hasta el dormitorio. Cuando llegamos junto a la cama me apoyó las manos en las caderas para girarme hacia él, luego me rodeó con ellas la cara y se inclinó para volver a besarme. Deslizó las manos por mi cuello hasta el comienzo de la chaqueta de punto, y cuando sus dedos encontraron los botoncitos blancos, empezaron a desabrocharlos, uno por uno, para luego dejar caer la chaqueta al suelo. En mi habitación estaba oscuro, muy oscuro, y antes de cerrar los ojos sentí que me ponía una mano en la parte baja de la espalda y la otra plana sobre el esternón. Luego sus dedos trazaron un medio círculo en torno a mi cuello, como si siguieran la línea invisible de un collar. Nos sentamos en la cama y nos quitamos el resto de la ropa. Al verlo desnudo me sorprendió la fuerza y gracia de su cuerpo, los músculos poderosos de la espalda y las piernas, la increíble suavidad de su piel contra la mía cuando se acostó junto a mí.

–Me gusta tu perfume –susurró–. Me gusta estar contigo –añadió al cabo de unos minutos.

Me abrazó con fuerza, pero no me tocó más allá.

Descansé la cabeza sobre su pecho y escuché los latidos de su corazón. Pese a que aún no estaba enamorada de él ni sabía si llegaría a estarlo, aquel instante de simple contacto humano me llenó los ojos de lágrimas. Hacía mucho, mucho tiempo que un hombre sin esposa junto a la que regresar no me abrazaba en la oscuridad.

–¿Te importa si no lo hacemos esta noche? –me preguntó en un murmullo–. Hace mucho tiempo que no estoy con una mujer –explicó muy despacio– y creo que ahora mismo no se me daría muy bien.

–Da igual –aseguró.

Y era cierto.

Y así permanecimos tumbados, esperando que llegara el sueño, mis brazos abarcando cuanto podían de su cuerpo, como si pretendiera abrazar todo su dolor. Contenerlo. Curarlo.

6

De repente se puso de manifiesto que Karen Lipps estaba engordando.

Sucedió unos dos meses después de la Semana de la Moda, dos largos meses de llamadas de seguimiento para poner a los compradores y minoristas en antecedentes sobre nuestra colección de primavera, y para cerciorarnos de que suficientes famosos llevaban nuestras prendas de alta costura para salir en las revistas. Estaba exhausta.

Y aburrida. No era un genio del marketing, eso lo sabía. Pero hacía mi trabajo y lo hacía bien. Era competente, detallista, consciente de los plazos de entrega y buena conocedora del Todo: la gente. Tal vez suene insignificante, pero no lo es. El marketing gira en torno a vender, y vender gira en torno a hablar, y si una cosa sabía hacer era hablar. Sobre todo durante las comidas.

Primero llegaron las habladurías.

Habladurías.

Habladurías.

Habladurías.

Luego la perfecta anécdota halagüeña sobre Karen («¿Sabes de dónde sacó la inspiración para el drapeado de la falda de noche de seda salvaje?» [Los presentes se inclinan hacia adelante para oír mejor.] «Se hizo una foto con la Polaroid de ella misma envuelta en la cortina de la ducha en la habitación del hotel cuando fue a París para los desfiles de primavera.»)

La anécdota del despacho. («No, no, Simon no es inglés. Es de Nueva Jersey.»)

Al final algunos comentarios sobre lo que debían comprar sin falta. («Si Karen vuelve a hacer una chaqueta corta para otoño, sabes muy bien que todos los demás también sacarán una chaqueta más corta. «Ralph está haciendo zapatos planos como los nuestros, sólo que de puntera cuadrada..., qué pasado de moda. ¿Y Calvin? Quién sabe y a quién le importa. Hace que Enzo Angliolini y Nine West parezcan originales.»)

Que era lo que Karen necesitaba. Alguien en quien poder confiar, que la conociera, pero no divulgara sus secretos. No necesitaba a alguien con muchas cosas que demostrar, alguien cuyo ego eclipsara el de ella. Ella era el genio. Ella tenía el talento. Vale, se pasaría la vida intentando demostrarse a sí misma y al resto del mundo que la idea del mono se le había ocurrido antes que a Donna Karan, pero su ropa era tan buena que podría venderse sola (si es que eso fuera posible hoy en día), y todo el mundo lo sabía.

Sin embargo, a veces me las veía y deseaba incluso con las prendas básicas.

Tenía auténticos problemas existenciales.

Como que me importaba un comino.

A veces me sucedía cuando estaba con un comprador, intentando venderle un nuevo estilo de pantalón («Más holgado, más corto», «Más largo, más estilizado»), o convencerle de las razones por las que su tienda debía concedernos más espacio o mejor espacio y reducir el espacio de otro diseñador («Liz Claiborne es como un virus. Cada vez que sales del ascensor en la sección de señoras te la encuentras de narices. ¡Liz, Liz, Liz! Ya está bien de tanta Liz Claiborne.»), o transmitirle la exquisitez de un estilo en particular, las nuevas líneas de un traje o el nuevo corte de una blusa en la que Karen estaba trabajando, o la «visión» que se ocultaba tras su «decisión artística» de perseverar con el cuello de cisne en lugar de volver a la sempiterna camiseta de cuello cerrado. («La verdad, Karen está cansada del cuello. Considera que el cuello es una parte muy íntima del cuerpo, casi una parte privada, y por tanto no debería quedar expuesta. Podría decirse que el tobillo victoriano es el cuello de Karen... Resulta mucho más atractivo si permanece oculto y se mantiene el factor sorpresa.») De repente, una vocecilla me invadía la cabeza, se me colaba detrás de los ojos, me recorría la garganta hasta la boca y empezaba a susurrar:

No es más que ropa.

No es más que ropa.

Aquel octubre, la voz empezó a hacer su aparición con mayor frecuencia que nunca, y entonces supe que mis días en el negocio de la moda estaban contados.

Por todo ello, aquel lunes me lo tomé con calma, quizá con demasiada, y pasé buena parte de la mañana tomando café y resolviendo crucigramas en la cama. Llegué a la oficina una hora más tarde de lo normal, como advertí al ver el gigantesco reloj que coronaba la entrada del edificio. Y para colmo, mi llegada coincidió al segundo con la de Karen.

Acababa de entrar en el ascensor del vestíbulo cuando un brazo regordete y surcado de hoyuelos se interpuso entre la puerta automática y la estructura metálica del ascensor. El brazo fue seguido de un pecho enorme y el bulto carnoso de una cadera y un muslo. Acto seguido, un pie rollizo embutido en un zapato de ante negro entró en la cabina seguido a corta distancia por el otro, y por fin una figura corpulenta ataviada de riguroso negro se situó junto a mí sin resuello.

No fue hasta que la vi tirarse del jersey negro para cubrirse el trasero enfundado en pantalones elásticos y esconder el culo en el rincón más alejado del ascensor cuando comprendí que era Karen. Apenas si la había reconocido. Había pasado las últimas tres semanas en Europa en busca de tejidos e inspiración, y se suponía que no regresaba hasta la semana siguiente.

Durante todos los años que había trabajado para ella no había reparado en su manía de esconder el trasero, hasta que un buen día, su hermana Gail me lo señaló durante una de sus visitas a la oficina.

–¿Te has dado cuenta de que Karen nunca nos enseña el culo? –comentó cuando las tres estábamos sentadas en el despacho de Karen.

Karen acababa de arreglárselas de algún modo para levantarse de la silla, cerrar la puerta y volver a su mesa sin darnos la espalda ni una sola vez.

Gail y Karen tenían idénticos labios gigantescos y barbillas largas que sobresalían más de lo que debieran, pero Gail era más suave, más redonda, menos angulosa. Me caía bien; era divertida, sin la dureza ni el cinismo que constituían la esencia de la curtida neoyorquina. Gail tenía tres hijos y un marido periodoncista, y cada pocas semanas venía de Long Island para comer, ir de compras y ver un rato a su apasionante y famosa hermana. Al igual que a Lynn, a Gail no parecía importarle que su hermana menor llevara una vida más emocionante que ella, al menos en apariencia. De hecho, ambas disfrutaban escuchando nuestras penas profesionales, pues hacían que en comparación su estrés doméstico pareciera una fruslería.

–Pues no, no me había dado cuenta.

Gail se volvió hacia mí con expresión incrédula.

–¿Cómo que no? ¿Cómo es posible que no te hayas dado cuenta? Se ha pasado la vida entera saliendo de todas partes de espaldas, desde que éramos pequeñas. Caminando como un cangrejo para no tener que dar la espalda a nadie. Pegándose a las esquinas y a las paredes para evitar que la gente lo viese. No creo que ni su marido se lo haya visto. Y no es que su culo necesite esconderse como el mío.

Dicho aquello se levantó y me dio la espalda.

–Yo sí que debería salir de todas partes de espaldas –Se asió las bolsas de carne que eran sus nalgas con tal fuerza que se oyó un chasquido contundente–. ¡Mira esto! –vociferó, mirándome por encima del hombro para observar mi reacción antes de volver a sentarse.

Karen se removió inquieta en su silla e intentó sonreír. Luego tomó un sorbo de agua mineral y se metió un caramelo de menta en la boca: el almuerzo.

–No sé por qué no le dejas ver el trasero a nadie –prosiguió Gail.

–Lo tengo muy ancho –siseó al fin Karen por entre los dientes apretados–. Y plano.

–Está enferma –resopló Gail–. Mi hermana está enferma. ¿No te parece que está enferma?

Desde aquel día me fijaba a todas horas en aquella «parte» secreta de Karen, como aquella mañana en el ascensor, sólo que esta vez no podía abandonarme a la hilaridad de su neurosis ni al asombro que me producía la razón de su enormidad. Tenía que saludarla. Me quité las gafas de sol y verifiqué mi postura.

–¡Buenos días! –exclamé con júbilo exagerado.

Karen sabía que yo era buena en mi trabajo y había llegado a depender bastante de mí, pero se quejaba de lo que siempre había percibido como mi actitud negativa. O rareza, como lo denominaba en ocasiones. Dicha actitud se ponía de manifiesto en la expresión de mi cara, creía ella, el ceño fruncido, la ausencia de sonrisa, una expresión demasiado seria para alguien que trabajaba en el mundo de la moda. Karen Lipps esperaba que las personas que trabajaban para ella, su «familia», como siempre se refería a nosotros sin atisbo de ironía, fueran felices.

Y hasta que nació Marissa, que no tuvieran hijos.

–Más os vale no quedaros embarazadas –nos advertía con frecuencia a Renee, Annette y a mí cuando se enteraba de que alguien a quien conocía o conocíamos del sector esperaba un hijo–. Porque si os quedáis embarazadas tendré que despediros.

Y entonces nos sonreía con esos dientes demasiado largos y a todas luces enfundados, nos miraba con esos extraños ojos azules y tomaba un sorbo de agua seguido de otro caramelo de menta.

Si bien no sabíamos a ciencia cierta si hablaba en serio, de una cosa sí estábamos seguras, y era de que Karen Lipps jamás sería madre.

–Lo que me parece perfecto, porque no quiero tener hijos –comentaba Renee.

A mí también me parecía perfecto, puesto que mi máquina expendedora de bolas de chicle acababa de hacer su aparición para encarnar mi angustia existencial, y puesto que ya había decidido que Karen jamás tendría hijos aunque los quisiera, pues era una alienígena. Parecía humana, se comportaba como una humana, pero no era humana.

Sólo Annette, procedente de una gran familia italiana de Queens en la que tener hijos era como comer y respirar, enmudecía y adoptaba una expresión consternada y disgustada.

–Esa mujer está enferma –espetaba mientras corría de vuelta a su despacho como si quisiera escapar al contagio de la enfermedad que Karen padecía y pretendía propagar.

Los que llevábamos con ella desde los albores de su meteórico ascenso al paraíso de la moda conocíamos bien la fiera ambición de Karen, su capacidad de jugar magistralmente la partida de la política corporativa, su obsesión por el trabajo e intolerancia por todo y todos los que se interpusieran en su camino. Y nos había costado mucho creer que su segundo matrimonio la había tranquilizado, que el nacimiento de su hija la había suavizado y hecho ver, por fin, que había cosas más importantes en la vida que el dinero, la fama y las licencias. Y la delgadez extrema.

Pero no había forma de saberlo con seguridad.

El marido de Karen, Arthur Klein, era un hombrecillo medio calvo, silencioso y famoso por su colección de arte y por canalizar la inmensa fortuna de su familia en causas filantrópicas. Trabajaba en casa y hacía las veces de viceniñera y amo de casa, lo que permitía a su mujer mantener el mismo ritmo de trabajo y vida social que antes del parto. Sin embargo, algo había cambiado. Antes del nacimiento de Marissa, su vida había sido un libro abierto en aras de la promoción, con fotografías de su casa para las revistas de arquitectura y decoración, largas entrevistas para artículos de fondo en revistas femeninas, rituales de belleza, dietas a base de ejercicio y vacaciones en balnearios divulgadas y documentadas para cualquier publicación con una tirada superior a los dos millones de ejemplares... Pero aquello se había acabado. Karen había cerrado la cortina de su vida y no permitía que nadie, ningún periodista, ningún fotógrafo, ni siquiera los miembros de su equipo profesional, penetraran en el campo magnético de intimidad que había erigido a su alrededor. La única incertidumbre era si con ello pretendía proteger a su hija o a sí misma.

Karen tardó algunos segundos en comprender que era yo, y entretanto advertí unas perlas de sudor en su frente que me hicieron preguntarme si tal vez no se encontraba bien. Se la enjugó a toda prisa con un pañuelo de papel y por fin se volvió hacia mí.

–¿Qué tal el viaje? –inquirí.

–Productivo. He encontrado mi gama de marrones para la colección del próximo otoño.

Metió la mano en el bolso y sacó una Polaroid, un primer plano de un enorme escaparate con hileras y más hileras de chocolate.

–Encontré esta tienda por casualidad en Bélgica. ¡Mira qué colores!

–¡Estupendo!

Guardó la fotografía y volvió a mirarme.

–¿Cómo estás?

–Bien.

Pero no quedó convencida, como siempre.

–¿Qué pasa?

–Nada –aseguré mientras intentaba desesperadamente relajar los músculos de la cara por si se me había quedado congelada en una mueca involuntaria.

Pero era demasiado tarde. Karen me miraba con fijeza.

–¿No va bien el asunto de Bloomingdale's?

–Sí, sí, va muy bien. El viernes he quedado para comer con tres de ellos.

–¿Se ha ido al garete el desplegable de *Vogue*?

Me encantaba trabajar para alguien que confiaba tanto en mí.

–No, el rodaje está previsto para el lunes que viene.

–Entonces, ¿qué pasa?

Siguió escrutando mi rostro con intensa curiosidad. A todas luces necesitaba alguna razón para explicar mi estado de ánimo, así que decidí decir algo que pudiera comprender.

–Sólo estoy cabreada porque llego muy tarde y quería llegar pronto para poner manos a la obra.

Eso podía entenderlo. El deseo de querer poner manos a la obra, la frustración de que alguna desventurada fuerza de la naturaleza te lo impida.

–Te comprendo perfectamente. He acortado el viaje porque nuestra niñera se ha puesto enferma y Arthur está en Los Ángeles hasta mañana. Tendría que haber llegado hace horas y lo habría conseguido de no ser porque la sustituta de la niñera se ha retrasado.

–¿Qué le pasa a la de verdad?

–Paperas.

Puso los ojos en blanco como si las paperas, junto con las úlceras, la neumonía y el cáncer, no fuera más que otra excusa en el panteón de las excusas que los perezosos aducen para escabullirse del trabajo.

–¿Y Marissa? ¿Ella no...?

–No, no ha estado expuesta.

De repente, Karen dejó caer sus trastos al suelo del ascensor, se metió las manos bajo la capa negra y empezó a tirar de la tela que le rodeaba la cintura.

–¡Malditos... pantalones... de mierda! –gritó por encima del chasquido de emitió la cinturilla elástica–. Voy a matar a esa inútil de Annette. Le dije que estas cinturillas eran demasiado anchas. ¡Mira esto! –Intentó asir un puñado de lycra sobrante, pero no lo consiguió, lo que no le impidió seguir probando–. Con toda esta tela sobrante podría invitar a tres personas más a hacerme compañía aquí dentro.

En aquel momento se abrieron las puertas del ascensor. Con un movimiento sorprendentemente grácil, Karen se agachó para recoger sus cosas y salió disparada en dirección a su despacho.

Al final del pasillo vi a Simon sentado tranquilamente a su mesa, retorciéndose indolente un mechón de cabello entre los dedos antes de metérselo en la boca, y disfrutando de lo que sin duda era una llamada personal. Sin embargo, colgó en cuanto su oído sobrenatural detectó el sonido de la inminente llegada de Karen, el zumbido de un muslo de lycra rozando el otro, y corrió hacia su despacho. Karen cerró tras él de un portazo, y al cabo de unos segundos, Simon volvió a aparecer y pasó junto a mí como una exhalación, el cuerpo inclinado en el ángulo de cuarenta y cinco grados que simboliza el servilismo más abyecto.

—¿Dónde está esa inútil de Annette?

Me senté a mi mesa y repasé mentalmente el encuentro con Karen. ¿De verdad creía que los pantalones elásticos le iban grandes? ¿O era aquello otra pieza demencial del rompecabezas de su negación de la maternidad? Un rompecabezas de negación que, para empezar, incluía no ingerir nunca nada en el despacho aparte de agua mineral y caramelos de menta, y llevar pantalones elásticos de lycra (por lo general) tres tallas demasiado pequeños.

La idea de que una mujer sin fotos de su hija en el despacho fuera madre y yo no me enfureció y acto seguido me entristeció, pero antes de sumergirme irremisiblemente en el oscuro pozo de la injusticia debía ocuparme del trabajo que se amontonaba sobre mi mesa.

Había montones de correspondencia, mensajes, dossiers de prensa, invitaciones, anuncios para periódicos y revistas en diversas fases de elaboración y todos los demás residuos acumulados el viernes anterior por la tarde, mientras almorzaba con el jefe de compras de Bergdorf Goodman. Me quité la chaqueta, la colgué del respaldo de la silla e intenté enfocar la vista en el papeleo de mi mesa, pero sin conseguirlo. Me sentía abrumada, como cada lunes por la mañana.

Me di la vuelta en la silla giratoria y miré por la ventana.

Desde aquel lugar de observación privilegiado que era la esquina de la Cincuenta y Siete y Madison se disfrutaba de una vista increíble sobre el centro de Manhattan. Mientras contemplaba los edificios y las personillas diminutas rodeadas de coches y autobuses, recordé la época en que llegué a Nueva York en busca de un empleo, casi trece años antes.

Qué grande me había parecido todo... Y qué grande me seguía pareciendo, si bien por razones distintas. Ahora, en lugar de enfrentarme tan sólo a los edificios gigantescos atestados de egos igual de gigantescos, me enfrentaba también a las presiones de mi profesión, el océano infinito de trabajo que debía sacar adelante cada semana, lo cual conseguía a pesar de mi interés y pasión menguantes, la distancia que sentía respecto a todo aquel caos, ruido y movimiento. La imagen atractiva y glamorosa que antes tenía de mi carrera, una imagen efímera y sin raíces, se había desvanecido largo tiempo atrás, y lo único que me quedaba era un nudo en el estómago por el día que me esperaba.

Miré el reloj.

Ya eran las once.

Cogí el teléfono y marqué el número del Pepinillo.

Por supuesto, contestó mi hermana.

–Hola.

–Hola.

–¿Qué tal el trabajo?

–Por favor.

–He visto los anuncios nuevos de los que me hablaste. Los de lencería. Qué cosas tan bonitas.

Miré los anuncios en color colocados sobre tablones en el suelo a lo largo de las ventanas. Sujetadores, bragas, camisolas, combinaciones, seda, encaje, satén, algodón, tejidos lisos, texturados... Si a Malcolm le hubieran interesado aquellas prendas, me habría comprado una de cada aprovechando el descuento de empleada como habían hecho todas las demás mujeres de la empresa varios meses atrás, cuando llegó la colección.

–Ya te enviaré algunas –dije mientras buscaba un papel en blanco entre la basura que cubría la mesa para garabatear una nota–. Las quieres en blanco, negro o...

–No te molestes.

–¿Por qué no?

–Estoy demasiado gorda para llevar lencería sexy.

Dejé de revolver los papeles.

–No es verdad.

Era ridículo... y aterrador comprobar la cantidad de tiempo y energía que las mujeres pasábamos comentando nuestra distorsionada imagen corporal colectiva.

–Que sí.

–Basta ya.

–Qué sabrás tú.

Desde que ella y Paul se trasladaran de Boston a Portland para que él pudiera convertirse en profesor titular de Historia Americana en la Universidad de Maine, y ella dejara su empleo como diseñadora gráfica y tuviera a Nicole, lo único de lo que se quejaba Lynn era su supuesta grasa.

Y de su incapacidad de formular una frase entera.

Y de su temor a no volver a ser capaz de arreglárselas en una habitación llena de adultos porque no tenía nada que ponerse salvo pantalones de chándal y también porque a veces sospechaba que la gente la consideraba una desgraciada porque ciudaba del Pepinillo todo el día y siempre llevaba pantalones de chándal.

–Pero seguro que a ti sí te queda bien la lencería.

–No tengo ni idea.

Lynn guardó silencio, y supe que estaba intentando decidir si preguntar por Malcolm o no. Sin embargo, sabía que mi hermana percibía que no estaba de humor para hablar de él. Lynn y mis padres ya se preocupaban bastante por mi vida personal o su aparente ausencia para que encima tuviera que confirmarles a diario mis inquietudes.

–¿Has hablado con ellos? –pregunté por fin para cambiar de tema.

–Lo he intentado, pero están haciendo las maletas.

–¿Cómo que las maletas?

–Se van a uno de esos viajes culturales para la tercera edad.

–¿Otra vez?

No nos entraba en la cabeza que nuestros padres no pudieran quedarse en casa y jugar al golf como todos los demás matrimonios de jubilados del mundo. Aquellos viajes culturales para la tercera edad significaban semanas enteras de preparación antes de empezar a hacer las maletas. ¿Qué maleta debían llevarse? ¿Necesitarían ropa de vestir además de prendas informales? ¿Podían pasar con seis pares de zapatos o debían llevarse los siete? Y puesto que yo trabajaba en el mundo de la moda y me consideraban una experta en el tema, cada viaje requería numerosas llamadas telefónicas para consultarme.

Sin embargo, el supuesto aumento de peso de mi hermana, mi vida sexual sin sexo y los problemas turísticos de mis padres no eran la razón de mi llamada.

–Bueno, ¿qué lleva hoy? –pregunté, yendo por fin al grano.

Hacía aquella llamada cada día; no siempre a la misma hora, sino cuando necesitaba sentirme cerca de un ser humano, aunque dicho ser humano tuviera sólo tres años y medio y aún se hiciera caca encima.

Como de costumbre, Lynn contestó a mi pregunta con absoluta seriedad. Aquellas llamadas habían entrado a formar parte integrante de su vida, como cambiar pañales, cortar bocadillos de atún en cuadraditos diminutos o satisfacer cualquiera de los otros caprichos extrañamente concretos de su hija. Lynn nunca se había vuelto tan dura y cínica como yo, y aceptaba mi obsesión por Nicole sin celos, sin sentimiento alguno de rivalidad. Lo suyo siempre había sido mío, tanto la ropa, los libros y los discos cuando éramos jovencitas, como ahora su familia. Y si bien a veces me sentía culpable por imponerle otra carga, por pedirle que satisficiera también mis caprichos, los de otra niña o sencillamente una adulta infantil, lo cierto era que no podía reprimirme.

Oí que Lynn cruzaba al salón y la cocina en dirección a la sala trasera, donde según me anunció por el teléfono inalámbrico, el Pepinillo estaba sentada en el sofá comiendo un gofre y mirando un vídeo de *Barney*.

Ay, suspiré para mis adentros mientras esperaba impaciente el parte del día.

–Bueno, pues lleva la camisa tejana, los pantalones elásticos negros...

A juzgar por su tono se había tenido que agachar o hacer algún esfuerzo físico adicional para ver mejor la ropa de la niña.

–¿Qué más? –gemí, ansiosa.

Ésa era la parte que había aguardado con más impaciencia, que siempre aguardaba con más impaciencia: los zapatos.

–Y... los zapatitos amarillos de plástico –dijo por fin mi hermana.

Cerré los ojos. Camisa tejana, pantalones elásticos negros, zapatitos amarillos de plástico.

La imagen de sus piececitos calzados en aquellos diminutos zapatitos de plástico amarillo me llenaba la mente tras los ojos cerrados. Al cabo de unos instantes los abrí a regañadientes.

–Gracias –musité con un suspiro, como una drogadicta después de un pico.

–De nada. Hasta mañana.

Colgué, lloré un poco y luego llamé a varias compañías aéreas. Se acercaba el Día de Acción de Gracias.

Había llegado el momento de hacer otra visita.

–¿Que está embarazada? –exclamé.

–Claro que está embarazada –aseguró Simon.

–Y se hizo la luz –recitó Renee.

Los dos habían entrado en mi despacho varias horas después de mi encuentro con Karen, cargados con cigarrillos, ceniceros y sendas tazas de café gigantescas y monolíticas. Ni corta ni perezosa, Renee me había soltado el notición a bocajarro.

–No puedo creer que no te hayas enterado. Precisamente tú, con lo obsesionada que estás con quedarte embarazada y tener hijos. ¿Cómo es posible que no te hayas dado cuenta?

A través de las paredes de vidrio de mi despacho veía a Karen a través de las paredes de vidrio del suyo. Llevaba el cabello lacio color chocolate sujeto detrás de las orejas, corte y color por cortesía de Frederic Fekkai, a cuyo salón había ido aquella tarde, como hacía cada cuatro semanas, y estaba sentada a su mesa de cristal inmensa y vacía mientras Annette le mostraba la cremallera en apariencia defectuosa de unos pantalones de muestra.

Como en el caso de la mayoría de las Personas Importantes, su despacho aparecía muy pulcro y ordenado, desprovisto de cualquier indicio de trabajo real, como expedientes, papeles, informes o notas, y contenía tan sólo los imprescindibles avíos minimalistas propios de una persona tan significativa: un enorme televisor con vídeo incorporado para visionar los últimos anuncios y analizar los desfiles, un teléfono inalámbrico y tres sofisticados supletorios manos libres distribuidos estratégicamente por la estancia, un moderno sofá blanco y dos butacas tapizadas sobre una alfombra de color trigo, una inmensa y futurista silla giratoria de cuero, respaldo alto e ingeniería ergonómica que la empequeñecía y confería el aspecto de una niña jugando a ser jefa, un ordenador portátil que parpadeaba y brillaba en el aparador bajo situado detrás de la mesa, una agenda electrónica abierta en el centro de la mesa y un bote lleno de lápices de cera rojo intenso, su utensilio para afirmar que creaba mensajes que parecían escritos con pintalabios.

–No lo sé –reconocí mientras intentaba encontrar una excusa para mi estupidez a prueba de Renee (cosa que nunca conseguía)–. Ha estado fuera un tiempo, así que he pensado que le había dado por la comida tai, pero supongo que no quería creerlo.

–Por expresarlo de una forma delicada.

–No creo que nadie más se haya dado cuenta, pero yo hace semanas que lo sospecho –terció Simon–. Desde que noté el acolchado adicional de sus caderas la última vez que fui con ella en taxi al centro. En el asiento trasero no podía evitar que nuestros cuerpos se rozaran, por mucho que me moviera o me apretujara contra la puerta. Me sentí un poco..., bueno, sofocado es la primera palabra que se me ocurrió.

Un estremecimiento pareció recorrer su delgado y nervudo cuerpo de pies a cabeza.

Su reacción no me sorprendió, aunque estaba segura de que se debía menos al peso de Karen que al hecho de que Simon parecía evitar la proximidad con cualquier cuerpo humano. Y si bien no sabía cuál era su orientación sexual, llegué a suponer que, cualquiera que fuese, no era muy fuerte. Tampoco es que tuviera demasiadas ocasiones, pues vivía con su madre, algo que lo avergonzaba sorprendentemente poco a los veintisiete años.

–Mi madre es una santa –sentenciaba cada vez que su nombre salía a colación, lo que sucedía con gran frecuencia–. La venero –añadía, uniendo las manos como si rezara.

Y eso se le oía decir a menudo sobre Karen cuando hablaba por teléfono un día laboral cualquiera, aunque cuando aseguraba venerarla no podía pasarse por alto cierta ironía en su voz.

Me volví hacia Renee con cierta irritación. Detestaba que la gente se enterara de las cosas antes que yo.

–Bueno, ¿y tú qué? ¿También lo captaste en seguida? ¿Algo así como la mañana después de que el óvulo fertilizado se adhiriera a las paredes del útero?

–No –masculló al tiempo que se removía incómoda en su silla, lo cual resultaba extraño, pues Renee nunca se sentía incómoda.

–Entonces, ¿cómo te enteraste? ¿Te lo contó ella?

Pese a que me consideraba por encima de los celos mezquinos, me sentí bullir de indignación ante la idea de que Karen le hiciera confidencias a Renee y no a mí.

–No –repitió antes de tomar un largo trago de café y juguetear con la borla de su mocasín de ante gris–. Me lo contó Arthur.

Simon estiró el cuello de tal forma que creí que se desgarraría algún músculo y se dejó caer en la silla vacía junto a Renee como si estuviéramos jugando a las sillas musicales y acabaran de parar la música.

–¿Te lo contó Arthur?

–¿Y? –replicó Renee, mirándonos a ambos.

–¿Y? –me mofé–. ¿Desde cuándo sois tan colegas Arthur y tú?

–No somos colegas –se mofó ella a su vez–. Hace una semanas

fue sin Karen a la gala benéfica de la Fundación Dia y le pregunté por qué.

–¿Y entonces te lo contó? –inquirió Simon, presuponiendo que era mi igual en aquel interrogatorio, por lo que me apresuré a convencerle de lo contrario con una mirada fulminante que lo hizo encogerse en la silla.

–Bueno, la verdad es que se le escapó. Ya sabéis cómo es –abrió y cerró la mano varias veces (bla, bla, bla)–. Si me hubiera quedado el tiempo suficiente, cosa que no hice porque es un auténtico muermo, me habría revelado incluso la talla de sujetador que usa.

–Y que irá aumentando mes a mes –completó Simon con expresión asqueada.

–Por supuesto, en cuanto se dio cuenta de lo que había hecho, me suplicó que no se lo contara a Karen ni a nadie más.

Al oír aquello le arrojé un clip de oficina que se le quedó enganchado en el pelo.

–Como si yo fuera nadie –espeté.

–Mira, ya sabes cómo es. No ha traído a Marissa al despacho ni una sola vez. Caparía a Arthur si supiera que todo el mundo iba a enterarse de que está embarazada antes de que esté preparada para anunciarlo. No conozco a nadie tan obsesionado con el control como ella.

–Tú –la pinché.

–Además –prosiguió sin hacer caso de mi pulla–, había algo en la expresión de Arthur cuando me dijo lo contentos que estaban...

–¿Estaban?

–Eso dijo. «Estamos contentísimos.»

Mientras la cabeza me daba vueltas por aquella idea tan incongruente, por no mencionar el sentimentalismo tan impropio de Renee, Simon se levantó y empezó a pasearse de un lado a otro por detrás de la silla de mi amiga mientras se golpeteaba el mentón con el dedo índice.

–¿De cuánto estará? –musitó teatralmente, como un actor de segunda.

Renee y yo no le hicimos ni caso.

–Me pregunto si ya saben el sexo –prosiguió, impertérrito.

De repente se detuvo y se volvió hacia nosotras. Tantas preguntas y tan poco tiempo...

–La última vez me hice bastante amigo de la ayudante de su ginecólogo, Tammy. A ver cuánta información le puedo sonsacar a cambio de unas braguitas pantalón color champán de Karen Lipps y una combinación a juego.

Dicho aquello se dirigió hacia la puerta.

[*Sale Simon*]

–Ese tío necesita una vida propia –bufó Renee con exasperación.

Sin embargo, cuando vio la expresión de mi cara se dio cuenta de que el hecho de no haber sabido que Karen estaba embarazada no era más que una parte de mi tristeza. Rodeó la mesa y me abrazó.

–No te preocupes –me animó a continuación con un codazo amistoso–. Ya te conseguiremos un bebé. Aunque tenga que casarte con un judío rico y aburrido como Arthur, te conseguiremos un bebé.

–Vellón, vellón y más vellón –dije a Amy–. ¿Qué le pasa a todo el mundo con el vellón? Mires donde mires te encuentras con vellón, vellón y más vellón.

La tienda Baby Gap de Broadway con la Sesenta y Ocho estaba llena de vellón. Era sábado a mediodía, y después de comprar café y bollos, entramos un momento de camino al piso de Amy porque ella tenía que comprar un regalo para un bebé aún nonato y, de paso, yo decidí revisar las rebajas en busca de algo para Nicole. Miles de parejas, cochecitos y niños atestaban las aceras y pasos de peatones de Broadway, lo que me recordaba el peligro mortal que entrañaba la vida en el Upper West Side para los solteros. No entendía cómo Amy podía vivir allí sin sentirse tentada de arrojarse delante de un coche cada fin de semana.

–Tú eres la que trabaja en el mundo de la moda. ¿Qué te parece?

–¿Que qué me parece? Pues que el vellón es el pantalón de chándal de los noventa, el chupete de la ropa. Es absolutamente insidioso, un tejido grueso, abultado, nudoso y feo que no le queda bien a nadie. Deberían prohibirlo. Hay que reconocer que Karen es la única diseñadora que no ha sucumbido al vellón.

Amy escudriñó mi rostro como si buscara síntomas de una apoplejía inminente, echó otro vistazo al pelele de vellón que había pensado comprar y lo dejó caer sobre el mostrador con irritación.

–Muchas gracias.

Se apresuró a escoger un regalo de otro material, jerseicito y pantaloncitos de algodón amarillo, y fue a la caja. La esperé en la calle, y cuando salió me preguntó qué pasaba.

–Karen vuelve a estar embarazada.

–Eso lo explica todo.

–¿Cómo que lo explica todo?

–Tu discursito sobre el vellón –repuso con una sonrisa compasiva–. ¿Cuándo te has enterado? –inquirió tras recorrer una manzana en silencio.

–El lunes. Subí con ella en el ascensor y de repente me fijé en que estaba enorme. Tendría que haberme dado cuenta hace semanas, pero como le dije a Renee, supongo que no quería darme cuenta... Total, para morirme de envidia...

–Lo entiendo. Dos mujeres de mi sección están embarazadas y salen de cuentas el mismo día, el diez de enero. Debería hacer vacaciones toda esa semana. Estoy tan celosa que apenas puedo trabajar.

De inmediato me asaltó la imagen de dos mujeres igual de embarazadas chocando de barriga como Tarari y Tarará, pero me contuve antes de llegar a saborearla.

–No lo entiendo. Ahí está ella, una mujer que ni siquiera quería tener hijos, que luego tiene una niña de la que nunca habla, a la que nunca trae al despacho y de la que nunca parece tener tiempo para disfrutar, y ahora va y se queda embarazada otra vez. Y según Renee, que habló con el marido de Karen, están «contentísimos». No sé, puede que esté proyectando su propia felicidad en ella.

–Puede, pero puede que no.

–¿Qué quieres decir?

–Que a lo mejor está contentísima. Puede que le guste más ser madre de lo que quiere reconocer, ante la gente y ante sí misma. Por lo que me has contado de ella, no parece precisamente la persona más cálida del mundo.

–No lo es.

–Entonces es posible que la maternidad la tomara por sorpresa. Ya sabes, como a esos hombres que nunca han querido tener hijos, que nunca se han visto como padres, y de repente tienen un hijo, se derriten y se convierten en los padres más babosos del universo. Como mi hermano.

–¿Tu hermano era así?

–Tener a Isabel lo cambió por completo.

Reflexioné sobre el panorama que Amy acababa de describirme, pero no me cuadraba del todo. A fin de cuentas, Karen no llevaba a Marissa al despacho cada día y se ponía a gatear con ella por todas partes ni se iba temprano a casa para gatear con ella allí.

Pero también es cierto que cada madre es un mundo, y la «santidad» materna no genera necesariamente hijos cuerdos. Pongamos el ejemplo de Simon.

–Hablando de Isabel –dije mientras esperábamos para cruzar la Setenta y Dos–. ¿Cómo está?

El rostro de Amy se transfiguró por la emoción. Metió en la mano en el bolso y sacó una pequeña cartulina con dos o tres manchas de color.

–Lo ha pintado con los dedos –anunció.

Para no ser menos, en el siguiente semáforo saqué del bolso una foto reciente del Pepinillo, en la que aparecía vestida de peregrina para la función del parvulario. Sus mejillas regordetas y el mechón de pelo que sobresalía del sombrero de cartulina negra me hicieron desear que el Día de Acción de Gracias ya hubiera llegado de tanto que la echaba de menos. Sin embargo, sabedora de cuánto odiaba los sombreros, imaginaba la terrible escena que habría tenido lugar el día en que Lynn la disfrazó. Señalé el vestido amarillo y los botines de charol amarillos que llevaba.

–El «madillo» es su color preferido.

Cruzamos la Setenta y Dos e intercambiamos historias de sobrinas (que si cuál era el color favorito de Isabel [bu], qué si cuáles eran las galletas preferidas de las dos [«cholate»], hasta que Amy me asió del brazo y tiró de mí hasta un quiosco cercano.

–Mira –exclamó–. Quiero enseñarte algo.

Nos detuvimos bajo el toldo metálico mientras ojeaba los estantes repletos de revistas hasta encontrar la que buscaba. Cogió el número de diciembre de *Glamour* y me lo dio. Sabía que lo tenía en el despacho, bajo un montón de otras revistas que aún no había tenido ocasión de leer.

–Arlene Schiffler escribe una columna.

Arlene había ido a nuestra clase avanzada de inglés y obtenido la calificación máxima en los exámenes de ingreso a la universidad, razón suficiente para que todo el mundo la odiara. Cuando se enteró de que no la aceptaban (¡ni siquiera la incluían en la lista de espera) en Harvard, se pasó un mes entero yendo a clase con los ojos enrojecidos y sorbiendo por las narices. Ahora era una periodista autónoma cuyos artículos, para mi gusto, aparecían con excesiva frecuencia en casi todas las revistas femeninas y con la que me había topado varias veces a lo largo de los años en actos sociales.

–Por el amor de Dios –resoplé mientras volvía las páginas de la revista con tal fuerza que a punto estuve de arrancar varias–. No es más que otro de esos estúpidos y obsesivos artículos suyos en plan «¡Soy una maravilla! ¡La vida según Arlene!». Ya sabes, *Mi citología anómala: 48 horas de terror y odio hacia la ginecología*. O *Depilación a la cera o no: una perspectiva femenina (lampiña)*. Se pasa la vida convirtiendo temas absolutamente inanes en putas epidemias sociológicas.

–Bueno, pues está embarazada.

–De ese seboso.

–¿Qué seboso?

–El seboso de su marido, el tipo que se pasa el día en la calle de reportero para la MSNBC –repuse antes de añadir gratuitamente–: Ése que lleva peluquín.

–¿Lleva peluquín?

–Por Dios –bufé como si todo el mundo se fijara en los detalles de los rasgos de la gente tanto como yo–. Nunca se le mueve el pelo, nunca cambia. Ni con el viento, la lluvia ni la nieve... –Dejé la frase sin terminar y devolví la revista a Amy–. No puedo con esto.

Amy la hojeó en busca de la página que le interesaba.

–Escribe un diario mensual sobre cómo es estar embarazada. Las distintas fases, las distintas emociones... En fin, todo. –Le dio la vuelta a la revista para que también yo pudiera leerlo–. ¿Lo ves? Se titula *Nueve meses*.

Leí las primeras frases del artículo.

–Es repugnante –sentencié.

–Estoy de acuerdo.

–«Nadie te prepara para la sensación que te embarga cuando la ventanilla se tiñe de rosa. Para mí fue como un torrente de emociones. Temor, gozo, pánico, egoísmo y generosidad se debatían en mi interior, pero complementándose a un tiempo, como personalidades múltiples. Y eso sólo en los primeros segundos.»

Asesté un leve puñetazo en el brazo de Amy como si ella fuera culpable de aquella pesadilla.

–¿Lo has leído todo?

Amy asintió.

–«Si quedar embarazada en la seguridad del matrimonio infunde temor, afrontar la maternidad en soledad debe de resultar aterrador... De repente me sentí como si viviera en el cuerpo de otra mujer, aunque aquella noche, cuando observé por primera vez mi barriga desnuda en el espejo, no noté ninguna diferencia visible...»

–Cómo odio esa palabra, barriga. No puedo seguir hablando de esto.

De repente, el estruendo incesante de los cláxones y la algarabía de las alarmas de coche, sirenas de coches patrulla, puertas de taxi y gritos me parecía insoportable, un ataque para el que no estaba preparada y que era demasiado vulnerable para tolerar en aquel momento.

Doblamos por la Setenta y Seis y nos dirigimos al piso de Amy. Tenía un piso de dos habitaciones que hacía esquina en la decimoséptima planta de un edificio de ladrillo oscuro y marquesina construido antes de la guerra en el extremo más alejado de la avenida West End. El piso estaba orientado al norte y al este, y si echabas la cabeza hacia atrás alcanzabas a ver sus ventanas desde la calle. Pero una vez dentro, al contemplar desde aquellas ventanas las aceras que se extendían hasta perderse de vista y pensar en lo que el futuro podía o no depararme, todo parecía tan distinto visto desde dentro, como distinto parecía lo de dentro visto desde fuera.

7

Al cabo de unas semanas, todos los que aún no sabían que Karen estaba embarazada se enteraron.

Las pruebas de la sesión de *Vogue* para el número de febrero acababan de llegar, por lo que Renee, Annette y yo estábamos alrededor de la mesa de Karen, admirando lo bien que habían quedado. Simon trajo otra caja de agua para Karen, y todos nos servimos como si fuera champán. De repente, cuando habíamos tomado los primeros sorbos, Karen dejó de girar en su silla.

A Karen siempre la incomodaban las celebraciones, de modo que en el primer momento todos creímos que nos iba a aguar la alegría. Sin embargo, cuando se cubrió la boca con la mano, se inclinó hacia adelante y pareció eructar en la bolsa de plástico que protegía su papelera, nos miramos horrorizados.

¡Karen Lipps había vomitado!

–Se acabó la fiesta –farfulló al tiempo que se levantaba de un salto para ir al baño.

Aun cuando Simon no hubiera distribuido a la mañana siguiente una circular en la que Karen daba escuetamente la noticia, todos habrían acabado por adivinarlo, pues Karen nunca se ponía enferma. Nunca pescaba catarros ni gripes, nunca le dolía la garganta ni le sentaba mal la comida. Y también lo habrían adivinado porque la prensa había empezado a reparar en su peso.

Como el *New York Post*, por ejemplo, que algunas semanas más tarde publicó en la página seis un mezquino artículo en el que se afirmaba haber visto a Karen dando buena cuenta de un plato de fettucini con champiñones y crema de leche, por supuesto con el obligado titular en negrita: KAREN «INCLINA» LA BALANZA EN ORSO.*

Y luego el *New York Observer*, que empezó a referirse a ella como *Moby Lipps y Karen Hipps*.**

–Seguro que me despide por haberle hecho cambiarse el nombre por otro que rima con todas esas palabras espantosas –comenté a Malcolm.

Era el viernes posterior a la última y espeluznante sesión de relaciones públicas con que Karen nos había deleitado en el despacho, y estaba sentada en la cocina de Malcolm mientras él preparaba la cena. Acababa de pasar la sartén del quemador delantero al posterior a fin de dejar sitio para otro cacharro. Acto seguido sacó una bolsa de champiñones del frigorífico y un gran bulbo de hinojo de una bolsa de papel marrón que había sobre el mostrador. Aquella escena se había convertido en una costumbre. Malcolm debía de haberme preparado cien cenas y troceado mil verduras en aquella cocina durante el tiempo que llevábamos saliendo juntos.

Recuerdo la primera noche que me preparó la cena, hacía más de medio año. Mientras hacía la primera de muchas ensaladas sofisticadas, me preguntó si me gustaba el hinojo.

–Sí –asentí.

–A mí me encanta –dijo con una sonrisa sardónica y torva que le confería un aspecto bien increíblemente atractivo o bien absolutamente psicopático.

Rodeé el mostrador de la cocina para acercarme al fregadero,

* El equivalente en inglés de «inclina» es «tipps», que rima con Lipps. [*Nota de la T.*]

** Juego de palabras entre «hipps» (pronunciación de caderas) y el apellido del personaje. [*Nota de la T.*]

junto al que Malcolm pelaba una hortaliza en la que apenas recordaba haber pensado. Cortó el bulbo en dos, se metió un pedazo en la boca y me puso el otro en la mano, un gesto que me pareció conmovedoramente anticuado. Otro hombre quizás habría pretendido ponérmelo en la boca, pero Malcolm no. Parecía incapaz de dar las cosas por sentadas como hacían tantas otras personas. Durante un rato nos dedicamos a masticar y tragar. Luego sonrió, yo le devolví la sonrisa, cortó otro bulbo de hinojo y también lo compartimos.

El piso de Malcolm era un conjunto grande, antiguo y laberíntico de habitaciones en uno de esos edificios grandes, antiguos y laberínticos del Upper West Side en los que los ascensores resuenan al abrirse y los pasillos siempre huelen a la comida de los vecinos. Vivía allí desde finales de los setenta, y las habitaciones aún conservaban lo que quedaba de la época en que compartió el piso con su familia. Paredes y más paredes de libros, todos los muebles y algunos cuadros abstractos de generosas dimensiones. Su mujer, Jean, trabajadora social, lo había dejado casi todo atrás, según me dijo, pues no se veía capaz de soportar ni el más mínimo recuerdo.

Pero Malcolm había seguido viviendo allí, se había aferrado al lugar como si se aferrara a la vida misma, un instinto de supervivencia ciego y absoluto que desde entonces lo sobrecogía.

–No sé cómo sobreviví ni por qué quería sobrevivir –me explicó aquella misma noche, la primera que pasaba allí.

–Es la fuerza vital –repuse en voz baja sin saber de qué otra forma explicar la inexplicable voluntad necesaria para salir de un pozo tan negro y tan profundo.

–La fuerza vital –repitió–. ¿Tú crees?

Me miró fijamente y luego me abrazó con tal vigor que creí que me rompería las costillas.

Recuerdo que aquella noche le pregunté por qué, aparte del Prozac, no hacíamos el amor, qué lo asustaba tanto.

–No creo que pudiera soportar otra pérdida –era cuanto decía cada vez que hablábamos de su pasado y el modo en que aún lo afectaba.

Llegué a comprender que ésa era su forma de no decir que lo que más lo asustaba era volver a acercarse a alguien.

No puedes perder lo que no posees.

Por eso no me poseería a mí.

Al menos no de esa forma.

Si bien me poseía en otros sentidos que nos acercaban en la misma medida... o casi.

Cocinaba para mí.

Dormía conmigo.

Sosteníamos conversaciones maratonianas que, casi todos los fines de semana que íbamos a su casa de Sag Harbor, duraban hasta la mañana. Política, historia, novelas, comida, películas que habíamos visto juntos... Fuera cual fuese el tema, Malcolm tenía una opinión al respecto y ganas de comentarla conmigo.

Como el tema de esa noche: Karen.

Malcolm odiaba a Karen por todo lo que le había contado de ella y además odiaba por principio a la gente como ella. Mientras lo observaba moverse por la cocina, de los fogones al horno, del horno a la tabla de cortar y de la tabla de cortar al fregadero, detecté cierto destello de alegría malsana en su mirada.

–¿Qué?

–Es una cerda.

–Por favor, nada de chistes de gordos, que me tienen harta.

–No quiero decir cerda en el sentido de gorda, sino por su comportamiento. Es una cerda como persona. Siempre ha detestado a los gordos y ahora está gorda. Trata a la gente como a una mierda, y ahora la están tratando igual. Lo que se siembra se recoge. No la compadezcas; no lo merece.

Tenía razón, y por lo general, cuando tenía razón, cuando me defendía y me hacía ver que no estaba loca por sentirme vacía y gastada tras una agotadora semana de trabajo, me encontraba mejor. Pero por alguna razón, aquella noche fue la excepción. Estaba demasiado cansada, demasiado harta de tanta mezquindad, tanta malicia y tanta obsesión por el aspecto físico, el peso y las apariencias, esa obsesión tan inherente al mundo de la moda.

Bebí un poco de agua en silencio y deseé que Malcolm dejara de trocear las putas hortalizas, cocer y remover, que se acercara para abrazarme o empujarme contra la pared y besarme hasta dejarme sin aliento. Pero sabía que eso no sucedería jamás.

Podía pasarme horas y horas sentada en aquella silla, como tantas veces durante el año que llevábamos saliendo, y ninguno de los dos haría nada semejante. Cenaríamos y después iríamos al salón para hablar hasta la madrugada, hasta quedar exhaustos, momento en que nos acostábamos. Casi siempre era suficiente. O mejor que nada. Eso me decía las noches que me quedaba despierta junto a él.

Pero a veces no era suficiente ni mejor que nada. A veces estar con ella me hacía sentir más sola que estar sola.

Me levanté para poner la mesa. Saqué los platos de la alacena, los cubiertos del cajón y los vasos del escurridor. Nos movíamos en órbitas paralelas como siempre que estábamos en su casa o en la mía, o cuando salíamos a desayunar, cenar o al cine. Estábamos juntos, pero separados. A veces percibía una de las agujas de la brújula con más intensidad que la otra, como aquella noche, cuando lo único que sentí fue separación.

Daba la sensación de que nuestra situación tenía fácil remedio. Qué fácil violar el campo magnético que nos mantenía alejados. Un beso cuando yo entraba en su piso o el en el mío, en lugar de la inclinación de cabeza o la media sonrisa como si el otro llevara horas allí; un abrazo al separarnos por las mañanas; mil otros gestos sencillos a través de los cuales dos personas se transmiten afecto, sentimientos e intimidad sin palabras.

Pero no hacíamos esas cosas, no nos tocábamos, abrazábamos ni besábamos a menos que estuviéramos en la cama, e incluso allí teníamos un lenguaje corporal limitado, truncado, como si tropezáramos con una barrera imposible de rebasar. Y aunque a menudo me sentía tentada de hacerlo, casi nunca rozaba los límites de nuestro acuerdo tácito, rara vez desafiaba el lenguaje verbal oficial de nuestra relación con el uso de lenguaje sexual. Temía chocar de nuevo con su silencio y su rechazo. Me resultaba demasiado difícil sentir el pánico que se adueñaba de sus músculos, aceptar que los impulsos e instintos que aún creía existentes en su boca, sus manos y su cuerpo sucumbían a un cortocircuito hasta que mi caricia, abrazo o beso quedaba neutralizado, contenido.

De no existir atracción física entre nosotros, de ser la nuestra una relación a todas luces platónica, las cosas habrían sido más sencillas entre nosotros. Los límites habrían quedado mejor definidos; el deseo y la posibilidad habrían desaparecido de la ecuación, transformando el romance en amistad, ni más ni menos.

A veces, cuando estábamos juntos, intentaba reprimir mis sentimientos, no desear lo que tal vez jamás obtendría de él, pero las sinapsis no perdonaban. Durante los breves segundos en que el deseo, la necesidad y el anhelo convergían, me veía empujada a probarlo de nuevo, pese a sus condicionamientos y mis reservas.

Dejé el vaso y crucé la cocina hasta donde estaba Malcolm, de espaldas a mí y de cara al fregadero. El sonido del agua le impidió darse cuenta de mi proximidad. Me detuve sin saber si debía alejarme, y por un instante experimenté aquella confusión y parálisis tan familiar, como si hubiera sufrido una embolia y ya no supiera realizar los movimientos que siempre habían sido tan automáticos. Y justo cuando empezaba a creer que perdía el valor, me obligué a avanzar otro paso, rodearle la cintura con los brazos y apoyar la cabeza en su espalda.

Malcolm cerró los grifos y con las manos mojadas de limpiar las patatas cubrió las mías. Nuestros dedos se entrelazaron. Cerré los ojos.

Al cabo de un minuto más o menos, me soltó y se dio la vuelta. Sentí que los ojos se me inundaban de lágrimas y tiré de las mangas subidas de su camisa.

–Lo siento –susurró.

Me abrazó con las manos apoyadas en la parte baja de mi espalda, y sentí el roce de su barbilla contra mi frente. Sabía que mi decepción por aquel aspecto de nuestra relación lo alteraba y avergonzaba, y por enésima vez deseé ser capaz de comunicar deseo sin decepción.

–Es que me gustaría que…, que pudiéramos…

–Lo sé –musitó–. Lo siento.

–¿Soy yo? –pregunté, como siempre en aquellas situaciones.

–No. No eres tú –me aseguró con un profundo suspiro.

–Entonces, ¿qué es?

–No lo sé.

Contemplé la posibilidad de volver a preguntarle si estaría dispuesto a buscar ayuda, ir a ver al psiquiatra o a un psicoterapeuta, alguien que nos tratara a los dos juntos, que pudiera ayudarle a deshacer el nudo que lo estrangulaba, o incluso pedirle a su psicofarmacólogo que le recetara algún otro antidepresivo…, pero eso no había funcionado nunca. Siempre respondía que quizás, pero pasaban los días y las semanas, se ponía de manifiesto que no había llamado a nadie y el tema volvía a quedar zanjado por un tiempo.

Apoyé la cabeza en su hombro y escondí la cara en la curva del cuello, allí donde habría estado la corbata si no se la hubiera arrancado al entrar en casa, como siempre hacía. Olía a jabón, ropa limpia, ajo y cebolla. Volví a cerrar los ojos, sintiendo el aleteo de mis pestañas contra la piel de su cuello, y deseé que fuéramos una pareja normal, dos personas normales que compartían un momento normal antes de la cena.

–Esto no puede ser bueno para ti –continuó.

Levanté la cabeza para mirarlo a los ojos.

–Deberías estar con otro, un hombre más joven, menos complicado y cascado. No deberías perder el tiempo con alguien como yo.

–Pero no me interesa ningún otro; me interesas tú.

–No te doy nada.

–Eso no es verdad.

Pensé en el consuelo, la seguridad y la proximidad emocional que sentía con él y que tanto había llegado a necesitar durante el año anterior, y la posibilidad de perder eso me aterraba.

–Eso no es verdad –repetí con más énfasis.

–No te doy las cosas importantes. No puedo darte las otras cosas. Cosas que necesitas, que quieres, que mereces tener.

Volví a enjugarme las lágrimas.

–No importa –murmuré.

Sin embargo, sabía que sí importaba. Sabía que, tal como era, nuestra relación no me bastaba, y sabía que otra vez estaba racionalizando la falta de intimidad física.

–Sí importa. Debes querer esas cosas. Una mujer joven y atractiva debe ser tocada, deber tener relaciones íntimas. No extingas esa parte de ti como he hecho yo. Es demasiado importante, demasiado valiosa, y una vez la pierdes, la pierdes para siempre.

Le tiré de los brazos.

–Pero podríamos intentarlo. Podría ayudarte.

Malcolm meneó la cabeza.

–Podría –insistí–. Podría traerte de vuelta.

–La gente no vuelve del lugar donde yo he estado –mascullό sin dejar de menear la cabeza.

–Eso no es verdad. Quien quiere volver, vuelve.

Lo miré con fijeza, deseando que mis ojos pudieran taladrar agujeros en él, túneles por los que mis palabras se colaran para echar raíces en su cuerpo.

–¿No quieres volver? ¿No quieres intentarlo?

–No lo sé. No sé si queda algo de mí. No sé si tengo el valor ni la fuerza suficientes.

–Pero yo te ayudaré –supliqué–. Te ayudaré.

Por fin me miró y de repente advertí que la derrota dejaba lentamente paso a la perplejidad, el asombro y luego otra cosa... ¿Esperanza? ¿Confianza? Algo que jamás había visto en su mirada.

–Pero ¿por qué? –preguntó–. ¿Por qué quieres ayudarme?

–Porque sí.

–¿Porque sí qué?

Me asió los brazos con fuerza, y por un momento creí que me zarandearía para sonsacarme una respuesta.

–Porque... te quiero.

Las palabras se me escaparon antes de que pudiera contenerlas, antes de saber siquiera que las llevaba dentro, como si en una habitación oscura alguien hubiera encendido la luz y se hubieran tornado visibles. Nunca había sido la primera en pronunciar aquellas palabras, nunca había estado dispuesta a arriesgar tanto de entrada, pero ahora que me había lanzado, de repente me sentía valiente y viva, como si el poder de la verdad, la voluntad y la fe pudiera salvarnos a ambos.

–¿Cómo puedes quererme? –murmuró.

–Es lo que hay –repliqué con un encogimiento de hombros.

–Pero ¿por qué?

–Porque creo en ti, porque creo que sigues ahí dentro.

El dolor, la incredulidad y el alivio se mezclaron en cada línea de su rostro.

–¿Cómo puedes querer a alguien que tal vez ni siquiera existe? ¿Cómo puedes creer en algo que nunca has visto? –Me cogió el rostro entre las manos con suavidad–. ¿Cómo puedes tener tan poco miedo?

–¿Tan poco miedo de qué?

Buscó la respuesta en mis ojos antes de contestar.

–De la decepción –dijo por fin.

–Porque quiero que esto funcione. Eres distinto de todos los hombres que he conocido en mi vida. Hay que tener valor, mucho valor, para sobrevivir a lo que tú has sobrevivido. Y por eso, porque entiendes el dolor, confío en ti. Confío en ti más de lo que he confiado en ningún otro hombre.

–Pero no puedo prometerte nada. No sé cuánto tardaré en mejorar; ni siquiera sé si... No puedo garantizarte nada... en ese sentido –añadió en el último momento.

–Creo que mejorarás.

–Pero ¿y si no? Habrás perdido el tiempo por nada.

–Estoy dispuesta a correr el riesgo. Esperaré si tú quieres.

Apoyó la frente contra la mía y apretó los dientes.

–Sí, quiero que me esperes –musitó al fin–. Espérame, por favor.

8

El jueves siguiente por la noche llamaron mis padres. Faltaban dos semanas para el Día de Acción de Gracias, y estaban haciendo las maletas para el viaje a Maine donde nos reuniríamos todos para celebrar la festividad, pero también estaban haciendo las maletas para otro viaje cultural, esta vez a los Berkshires, que emprenderían directamente desde casa de Lynn. Hacer las maletas para un viaje ya era terrible, pero para dos consecutivos y sin tener tiempo de pasar antes por casa para deshacer unas maletas y hacer otras era algo inaudito. Ya imaginaba a mi padre con sus gráficas, carpetas y listas de verificación (había sido ingeniero mecánico antes de jubilarse) y el creciente temor de mi madre a que cuatro maletas no bastaran (se había criado durante la Gran Depresión).

–No puedo creer que hagáis otro de esos viajes –dije–. Pero si acabáis de volver del anterior.

–No acabamos de volver –contradijo mi madre–. Volvimos en octubre.

–Hace más de un mes –agregó mi padre.

Cerré los ojos y me masajeé las sienes. Los oía en estéreo por el manos libres, y como siempre hablaban demasiado alto.

–No sé, me parece un poco excesivo –insistí.

–No es excesivo. Nos gusta aprender.

–Somos personas activas. Que nos hayamos jubilado no significa que...

–... no tengamos interés en aprender.

–Me parece perfecto que queráis aprender. Pero quizás podríais planteaos la posibilidad de aprender más cerca de casa, para no tener que pasaros la vida viajando. Y haciendo maletas.

Y atormentándome.

–Pero es que nos gusta viajar. Y lo de hacer las maletas no está tan mal.

–Ya le estamos cogiendo el tranquillo.

Me eché a reír.

–¿Ya habéis rebasado la barrera de las cuatro maletas?

–Esta vez intentaremos pasar con tres –exclamó mi madre con orgullo.

Oí el susurro de papeles y a mi padre moviéndose alrededor del teléfono.

–Bueno, no si contamos los regalos para Nicole. Ah, y las bolsas que llevaremos en el asiento trasero. Y los zapatos que no caben en la...

–No te pongas tan técnico.

–No me pongo técnico, sólo pretendía ser sincero.

Lo que tú digas.

–Bueno, ¿cuál es el objetivo educativo de este viaje?

–La música judía –repuso mi madre.

–¿Otra vez?

¿Qué fascinación podía encerrar la música klezmer para que alguien estuviera dispuesto a estudiarla durante una semana entera?

–¿Cómo que otra vez?

–¿No acababais de ir a otro sobre música judía?

–No, el último fue sobre literatura judía.

–¿Y el anterior fue sobre cine judío?

–Cine israelí –me corrigió mi madre.

Empezaba a recordarlo. El viaje sobre literatura al norte de California en otoño, el viaje sobre cine a Miami en junio. ¿Cómo iba a olvidar las interminables preguntas acerca de la metereología estival y otoñal? ¿Las preguntas climáticas? ¿Las preguntas sobre ropa informal frente a ropa de vestir? No podía evitar preguntarme si sus constantes viajes culturales me molestarían menos si estudiaran alguna materia que no fuera seguida del adjetivo «judío», pero lo dudaba, porque a pesar de todo, seguirían teniendo que hacer las maletas para alguna fiesta hebrea.

No tardé mucho en resolver los dilemas invernales y generales («Sí a los abrigos forrados de lana de L.L. Bean y sí a los plumones.» «No a los dos conjuntos de vestir, porque lo más probable es que no llevéis ni uno. « »Sólo un par de botas de caminar para cada uno.») Pero tener aquel asunto resuelto no era tan positivo como pudiera parecer, ya que significaba que a continuación se centrarían en mí, cosa que me aterraba.

Mi padre se fue, y mi madre y yo nos quedamos a solas.

–¿Y bien? –disparó.

–¿Y bien qué?

–¿Qué hay de nuevo?

–¿De nuevo? Nada.

Nunca había nada de nuevo.

–¿Ninguna novedad?

¿Ningún hombre? ¿Ninguna propuesta de matrimonio? ¿Ningún plan para el futuro?

–No.

Y cuando haya alguna novedad, serás la primera en saberlo.

–Ah.

–Pareces decepcionada.

Sabía que tan sólo sentía curiosidad, que sólo intentaba averiguar si era o no feliz, como cualquier madre, pero no podía evitar ponerme a la defensiva. Sus preguntas siempre encerraban un elemento de juicio, o al menos eso me parecía a mí, y estaba cansada de la sensación de justificarme ante ella. Era algo que me sentía impulsada a hacer desde que era pequeña y nunca había llegado a superar. Si alguna vez tenía hijos, juraba que jamás se sentirían juzgados por mí. Qué juramento tan previsible.

–No estoy decepcionada; sólo quería saber si algún día conoceremos a tu amigo.

–¿Qué amigo?

–Malcolm.

¿Malcolm?

–No es buen momento.

–¿Alguna vez será buen momento?

–No lo sé.

–Es que llevas bastante tiempo saliendo con él, y aún no lo conocemos. Hemos estado pensando que sería agradable que nos acompañara el Día de Acción de Gracias.

–Sí, sería agradable –convine.

Y tenía que reconocer que me habría encantado presentar a Malcolm a mi hermana y al Pepinillo.

–¿Se lo pedirás?

–Sí, sí.

Pero no hacía falta que se lo pidiera; sabía que no aceptaría.

Como cualquier otro ser humano normal, Amy detestaba las fiestas. Como también era mi caso, sobre todo después de la conversación con mis padres la noche anterior, decidimos que necesitábamos compartir nuestras respectivas opiniones. El viernes, al salir del trabajo, Amy vino a mi casa y encargamos la cena. Cuando llego el sushi, nos sentamos en el suelo del salón, a ambos lados de la mesita de café, y nos pusimos las botas.

–Las odio –dijo.

–Yo también.

–Pero ¿es que le gustan a alguien?

–No lo sé, probablemente no.

–En alguna parte debe de haber alguien a quien le gusten.

–¿Tú crees?

Fui a la cocina y volví con una jarra de sake que había calentado y dos tacitas de cerámica.

–Seguro. Me refiero a personas normales, que no están deprimidas, para las que el Día de Acción de Gracias y Navidad no son más que comidas familiares de lo más agradable.

–¿Quieres decir personas para las que el pan es pan?

–Y una fiesta, una fiesta.

Intenté imaginar a alguien que encajara en aquella descripción, pero lo único que visualizaba era un alienígena tipo teletubby con antenas metálicas sujetas a la cabeza con muelles también metálicos.

Amy me miraba con fijeza, como si esperara una respuesta.

–Puede que a la gente del sur le gusten las fiestas. O a los del Medio Oeste.

–Te refieres a personas que llevan ropa de vellón.

–No empecemos otra vez.

–Perdón.

–Lo digo en serio. ¿Por qué no podemos ser así?

–¿Cómo?

–De esas personas a las que les gustan las fiestas.

De nuevo acudió a mi mente aquella imagen, sólo que esta vez éramos Amy y yo las teletubbies con antenas oscilantes.

–Pues porque no lo somos.

–Pero ¿por qué no?

–Porque no. No estamos hechas así. Somos demasiado...

–¿Demasiado qué?

–Demasiado complejas –espeté por fin con inmenso sarcasmo.

–No sé, no sé –replicó–. A veces eso me parece una chorrada, como que lo único que hacemos es sobrecomplicar las cosas.

–¿Quieres decir que somos desgraciadas adrede?

–Sí, y que podríamos no serlo si nos los propusiéramos.

Reflexioné unos instantes.

–Pensamiento positivo –dije, sintiéndome bastante lista por haber soltado semejante término– en lugar de pensamiento negativo.

–Exacto, pensamiento positivo.

Aparté los platos vacíos y apoyé la espalda contra el sofá.

–Bueno, por mí puedes empezar a aplicar el pensamiento positivo, pero yo me quedo con el negativo. Hasta ahora me ha ido muy bien.

–No es verdad.

–¿Cómo que no?

–¿Qué te ha dado?

–¿Y quién dice que quiero algo?

Amy desvió la mirada, y entonces supe que había llegado el momento de preguntarle a qué se debía todo aquel preámbulo.

–Me aterra la idea de ir a Chicago a conocer a la familia de Will.

–¿Y por qué vas?

–Porque me ha invitado y se supone que tengo que agradecerle que después de un año y medio por fin me permita conocer a su familia. O les permita a ellos conocerme a mí. Al menos tú no te tienes que preocupar de toda esa mierda.

–Claro –exclamé con una carcajada–. Una de las numerosas ventajas que tiene salir con alguien cuya familia ha quedado diezmada.

Amy parecía mucho más exasperada respecto a su relación con Will que cuando nos reencontramos, o más bien exasperada con esa compromisofobia neurótica que la hacía dar traspiés cada dos por tres. Y para empeorar las cosas, el número de diciembre de *Glamour* acababa de aparecer y estaba quemando el bolso de Amy. De repente lo sacó y lo arrojó sobre la mesilla. La revista se abrió por la página en la que mi amiga había colocado un enorme clip de oficina para marcar el artículo de Arlene Schiffler.

–Segundo mes –dijo.

Ojeé media columna de texto. ¿Tema de este mes? Las náuseas matutinas. Qué original.

Amy ya se había acabado el sake y vuelto de la cocina después de rellenar la jarra. Cuando se sentó en el suelo me pregunté por segunda vez aquella noche qué le sucedía.

Así que se lo pregunté.

Amy se limitó a beber y sonreír como sonreía cuando estaba contenta, sólo que en ese momento no lo estaba, como comprobé al ver que se le llenaban los ojos de lágrimas.

–¿Qué? –musité–. ¿Qué pasa?

Se cubrió los ojos con las manos por un momento y luego se enjugó las lágrimas.

–No lo aguanto más.

–¿El qué?

Miré la revista y me pregunté si se referiría a eso.

–¿Esto?

Eché un vistazo desdeñoso a la publicación y la aparté.

Amy asintió y a renglón seguido negó con la cabeza.

–La columna de Arlene, las dos mujeres del trabajo, Karen. De repente, todas las mujeres a mi alrededor están embarazadas, y yo también quiero. Cómo odio esta época del año. Noviembre. Mi madre murió en noviembre.

–Lo siento –musité.

No me extrañaba que odiara las fiestas. Mientras se secaba las lágrimas y jugueteaba distraída con uno de los palillos, me sentí increíblemente culpable por la conversación que había sostenido con mi madre la noche anterior. Al menos yo aún tenía una madre que me desaprobaba.

–Quiero casarme, tener una familia –dijo por fin–. Una familia propia. Estoy harta de ser siempre una invitada en casa de mi padre o de mi hermano. Estoy harta de ser siempre la única persona soltera de la mesa, la perdedora, la que todo el mundo piensa que no sabe preparar un pavo porque no tiene nadie para quien cocinar.

Hice una mueca, lo que la hizo reír.

–Vale, con lo del pavo tienen razón, pero ya sabes a qué me refiero.

Por supuesto que sabía a qué se refería.

Si bien me llenaba de gozo la inminente visita al Pepinillo, me horrorizaba el hecho de que durante las fiestas y otras reuniones familiares, también yo era la persona impar, como Amy acababa de describirlo. La adolescente perpetua. La que siempre llegaba sola y volvía a casa con sobras suficientes para alimentar a un regimiento entero de mujeres como yo. El regreso a la vida adulta siempre me llevaba tiempo, por no mencionar el bajón emocional que me duraba más o menos una semana.

Pero no era una adolescente y no me sentía como tal.

–Yo también quiero una familia –le aseguré.

–A veces tengo la sensación de que nunca pasará.

–Claro que sí –repusé, aunque no sabía a ciencia cierta si pasaría con Will.

–No paro de pensar en la trayectoria futura de nuestra relación, pero no me salen los números –explicó–. Tiene treinta y ocho años, y yo casi treinta y seis. Ha tardado un año y medio en presentarme a su familia. No quiere casarse conmigo ahora más de lo que quería cuando nos conocimos. Está buscando otro piso, un piso más barato, aunque parezca increíble, más barato que el que tiene, que ya está tirado porque no se puede permitir nada más, y en ningún momento ha planteado la posibilidad de que vivamos juntos. No es que yo quiera, porque estoy convencida de que eso de vivir juntos es un puto mito, y además estoy segurísima de que me haría perder otros tres años, tras los cuales lo más probable es que me dejara.

Se encogió de hombros y volvió a sonreír, pero esta vez sin lágrimas.

–Está sin blanca. No tiene un empleo de verdad porque se supone que está escribiendo la tesis, pero no escribe la tesis porque está deprimido por la mierda de vida que lleva. Y cualquier día de éstos empezará a molestarle de verdad que yo gane más dinero que él.

De repente, en comparación Malcolm me parecía genial.

–¿Qué hago? ¿Pasar de él? –preguntó–. Pero es que no quiero pasar de él –prosiguió mientras yo buscaba en silencio una respuesta diplomática–. Estoy enamorada de él y además no sé si soportaría volver a estar sola. Creo que no.

Pensé en lo que Amy había dicho aquella noche, en lo que yo había dicho aquella noche y en lo que habíamos hablado cada vez que nos veíamos: mi Pepinillo y su Calabaza, nuestro deseo de compromiso, que Amy esperaba de Will y yo de Malcolm. Pero quizás éramos nosotras las que debíamos comprometernos con lo que deseábamos, es decir, tener hijos. Miré de reojo la revista, arrinconada al final de la mesa como un enorme insecto muerto, y respiré hondo.

–Tal vez deberíamos darnos un ultimátum.

–¿Qué clase de ultimátum?

–Para tomar una decisión. Un espacio de tiempo que emplearemos para decidir qué hacemos.

–¿Respecto a qué?

–A lo de tener hijos.

–Quieres decir, solas.

–Puede. Seguramente, en mi caso, teniendo en cuenta a qué me enfrento. Al menos tú y Will hacéis el amor. En ese sentido me llevas muchísima ventaja.

–Pero ¿cómo?

–No lo sé, pues como otras mujeres en nuestra situación.

–¿Mediante inseminación artificial casera?

–No, recurriendo a los bancos de semen, o por accidente, o poniendo la directa, o sea pidiéndole a alguien...

–¿... que nos done su semen?

–Más o menos.

–¿A quién se lo pedirías?

–No tengo ni idea, nunca me lo he planteado.

Lo que no era del todo mentira. Una o dos veces me había cruzado por la mente la idea de pedírselo a Malcolm, pero siempre lo había descartado de entrada. Hasta hacía poco me había parecido demasiado descabellado, demasiado alejado de la realidad, la realidad de nuestra relación y el estado de Malcolm. Pero ahora que habíamos avanzado tanto emocionalmente, me pregunté si no habría llegado el momento de ejercitar lo del pensamiento positivo.

Amy se reclinó en su silla y consideró mi propuesta.

–Podría dejar de usar el diafragma –aventuró–. Pero la verdad es que no estoy segura de si quiero hacerlo sola. Ni siquiera sé si podría hacerlo sola, emocional y económicamente.

–No estoy diciendo que lo hagamos ya. Sólo tenemos treinta y cinco años, y además, yo tampoco sé si quiero o puedo hacerlo sola. Sólo digo que deberíamos pensar en ello, para que así cuando llegue el momento, cuando a nuestras máquinas de chicle les queden muy poquitas bolas, tengamos un plan B.

Me miró en silencio, pero supe que quería seguir escuchándome, porque tener un plan, cualquier plan sobre cualquier cosa, nos daba la sensación de que controlábamos nuestros futuros en lugar de esperar a que nos pasara de largo.

–Pongamos que nos damos nueve meses –sugerí en tono neutro, como si hablara de una dieta o un programa de ejercicio físico, y no de reproducción asistida–. Como la puta columna de Arlene Schiffler –Conté con los dedos los meses siguientes a noviembre–. En agosto, antes del Día del Trabajo, cada una tomará una decisión. Seguir adelante o no.

–O seguir esperando –añadió Amy.

En cuanto Amy se fue, llené la bolsa de viaje de nylon negro y fui en taxi al piso de Malcolm a fin de que a la mañana siguiente pudiéramos salir pronto hacia Sag Harbor. Íbamos a su casa casi todos los fines de semana, y si bien intentábamos salir el viernes por la noche, lo dejábamos para el sábado por la mañana si alguno de los dos tenía planes para el viernes o no nos apetecía ir con prisas, como era el caso de aquel fin de semana.

Me gustaba la casa de Malcolm, una edificación de madera amarilla construida a finales del siglo XIX. Estaba en Bridge Lane, y pese a encontrarse muy cerca del centro de la población, la calle era muy tranquila.

La casa era pequeña, con cuatro habitaciones en la planta baja, dos dormitorios en la superior, un porche cerrado en la parte trasera y otro pequeño y abierto en la delantera. Sin embargo, era la clase de casa que por alguna razón parecía más grande por dentro que por fuera. No es que faltara espacio, porque Malcolm la había ocupado solo desde la muerte de Benjamin y la marcha de Jean. Me contó que durante años, antes de deshacerse de las cosas de Benjamin y transformar el segundo dormitorio en estudio, se sentaba a oscuras en aquella pequeña habitación durante horas, a veces toda la noche. En aquella época aún bebía. Algunos años antes había comprado una vieja mesa de refectorio para utilizarla como escritorio y llenó las paredes de estanterías. Los fines de semana, entre sesiones de cocina, lectura y charla, a veces lo veía entrar allí, inclinarse sobre la mesa para guardar un recorte de periódico en una carpeta u ojear las estanterías en busca de un libro. Pero que yo supiera, llevaba cinco años sin poder escribir nada. No había escrito desde la muerte de Benjamin.

El taxi me dejó en la Noventa y Seis con Broadway. Entré en el vestíbulo del edificio de Malcolm y saludé al portero con la mano. Malcolm me esperaba, de modo que había dejado la puerta entreabierta. Salía de la cocina cuando entré y cerré la puerta del piso.

–¿Qué tal la cena? –preguntó mientras cogía mi abrigo y lo colgaba en el armario del recibidor.

–Bien.

–¿Adónde habéis ido?

–A ninguna parte. Amy ha venido a mi casa y hemos pedido comida japonesa.

Echó a andar hacia el salón, esperando que lo siguiera.

–¿Qué cuenta Amy?

Malcolm no la conocía, porque le incomodaba conocer a gente nueva y le aterraba contestar a sus preguntas, pero le parecía maja por todo lo que le había contado de ella. Tenía la sensación de que era poco pretenciosa y sincera, y después de enterarse de que su madre había muerto dos años antes, su simpatía por ella pareció aumentar.

Me senté en el sofá y él se acomodó en el sillón frente a mí.

–Está harta –expliqué.

–¿De qué?

–Quiere casarse y tener hijos, pero de momento no lo ha conseguido.

Él se lo había buscado.

–¿Qué le pasa al Listillo?

Malcolm casi nunca llamaba a la gente por su nombre, sobre todo a un tipo que parecía tan inmaduro como Will, a juzgar por mis relatos, y sobre todo a un tipo con demasiada formación universitaria, circunstancia que se le antojaba sospechosa en extremo.

–Nada. Nada nuevo, quiero decir. Amy se va con él a Chicago para conocer a su familia, por fin.

–Dile que se busque otro novio –aconsejó Malcolm, meneando la cabeza–. Me parece que con éste no va a ninguna parte.

Tenía razón, lo sabía, pero de todos modos lamentaba haber sacado el tema a colación. El hecho de que yo quisiera tener hijos y él no nunca había generado conversaciones positivas entre nosotros, teniendo en cuenta la carga emocional del asunto.

Habíamos hablado de ellos varias veces, lo cual no deja de ser curioso dado que no teníamos relaciones sexuales. Habíamos hablado del modo en que hablábamos de casi todo, o sea, intelectual, hipotética y abstractamente. Una noche de finales de agosto me preguntó por primera vez si quería tener hijos, y no se me había ocurrido nada mejor que decir la verdad.

–Eso está muy bien –alabó como si acabara de contarle que quería pasar un año en Italia estudiando arte–. Deberías tenerlos. Es la experiencia más importante de la vida, y no deberías perdértela.

Me dolía que dijera que yo debía tenerlos y que era una experiencia que yo no debía perderme, dejando claro que nuestras vidas estaban destinadas a separarse, idea que ya había aceptado, tal vez incluso con alivio. Pronunció aquellas palabras en tono desapasionado y objetivo, y como me había mortificado sentirlo tan distante, decidí volver la pregunta contra él.

–¿Y a ti? ¿Te gustaría tener otro hijo?

Malcolm meditó unos instantes.

–Antes sí, cuando Benjamin aún vivía. Siempre había querido tener una niña, pero después de... –Vi que se le tensaban los músculos de la mandíbula–. No. Para darte una respuesta concisa, no, no quiero tener otro hijo.

La respuesta no concisa era fácil de adivinar. No podía reemplazar a Benjamin y no quería; no soportaba la idea de que volviera a suceder algo malo. Se veía a la legua.

–Demasiado bagaje emocional –prosiguió–. Sería injusto imponer semejante carga a un niño, meterle en el cuerpo el miedo a la vida porque yo temo a la muerte.

Entonces me miró para observar mi reacción, y como quería que dejara el tema abierto, al menos un poquito para que no quedara zanjado para siempre, y puesto que aún me sentía dolida por el comentario anterior, decidí desafiarlo.

–No es tanto lo que le pasaría al niño como lo que pasaría a ti. El miedo que sentirías y lo que significaría para ti volver a correr un riesgo tan grande. Pero tal vez el miedo acabaría por desaparecer –continué al ver que no contestaba–. Tal vez si volvieras a sentirte feliz, vivo, el miedo remitiría, al menos lo suficiente para hacerse manejable, lo suficiente para que aprendieras a vivir con él.

–No sé si esa clase de miedo es manejable ni si quiero aprender a vivir con él. ¿Qué puede dar más miedo que perder a un hijo?

–No tener ninguno.

Aquella noche lo habíamos dejado ahí, y no había vuelto a pensar en la conversación hasta entonces, hasta que me dijo que Amy debía buscarse otro novio porque no iba a conseguir de Will lo que quería. No pude evitar sentir que sus palabras encerraban también un mensaje para mí.

–¿Es una indirecta? –pregunté con esfuerzo, porque sentía la garganta cerrada por la angustia.

–¿Qué quieres decir? –replicó con expresión de extrañeza.

–Que si el consejo que le das a Amy es el consejo que intentas darme a mí. ¿Intentas decirme que yo también debería buscarme a otra persona?

–No he dicho tal cosa.

–Pero ¿es eso lo que piensas?

–Lo que pienso es que debes averiguar qué quieres.

–Te quiero a ti –dije.

Curado. Arreglado. Normal.

–Pero también quieres tener hijos.

–Quiero las dos cosas.

–Pues no puedo darte las dos cosas. Y no sé si podría soportar saber que te he privado de algo tan importante. Me importas demasiado.

–Entonces, ¿qué me estás diciendo?

Hasta entonces había creído que habíamos progresado, que nos habíamos acercado, pero...

–Que debes decidir qué quieres más.

–Menuda elección –suspiré, dándole la espalda.

Malcolm tenía razón, y lo sabía.

–Es verdad, pero debes hacerla, no permitir que las circunstancias decidan por ti, porque si lo haces te arrepentirás toda la vida.

Se sentó junto a mí en el sofá y me rodeó los hombros con el brazo. Permanecimos sentados quietos y en silencio durante unos minutos. Cuando me cogió la mano, se la apreté con fuerza.

–Es tarde. Vamos a la cama –murmuró.

El cielo seguía de un opaco azul grisáceo cuando salimos a primera hora del día siguiente. No dormí durante el viaje, y apenas hablamos, salvo para hacer comentarios ocasionales sobre algún conductor o el cielo que se despejaba por momentos. Me sentía como entumecida, como si todo lo relacionado con Malcolm tuviera que examinarse una y otra vez. Sabía que pronto tendría que tomar decisiones que llevaba mucho tiempo eludiendo, decisiones que no quería tomar porque, al hacerlas, no podría evitar perder algo.

Ir a la casa de la playa los fines de semana era el antídoto perfecto para el ritmo establecido entre Malcolm y yo los días de cada día. Conversaciones ociosas sobre mi trabajo o sus clases mientras leíamos los periódicos dominicales en el porche cerrado. Los preparativos para la marcha, cargar su viejo Volvo familiar en el garaje subterráneo de su edificio con bolsas, libros, revistas y, para Malcolm, siempre algún libro de cocina muy usado o un puñado de recetas sacadas del *Times*, recetas de curry, sopa o estofado que quería probar. Cuando cruzábamos la ciudad, pasábamos por el túnel Midtown y tomábamos la autopista de Long Island al caer la noche, sentía que algo se relajaba en mi interior. La tranquila casa de Malcolm, la fragancia del agua salada que llegaba del puerto, las horas cómodas en mutua compañía, seductoras como una droga, estaban al alcance de la mano.

Siempre conducía Malcolm, y a veces, si hacíamos el trayecto de noche, me dormía en el asiento contiguo. Apoyaba la cabeza contra la ventanilla, saboreaba la corriente suave y constante de la calefacción o el aire acondicionado que salía de las rejillas según la estación o el tiempo, escuchaba el zumbido profundo del motor o el susurro estático de la radio, sintonizada en la Radio Nacional Pública o alguna emisora de música clásica a escaso volumen para no despertarme. Cuando abría los ojos veía su silueta concentrada en la carretera. Me volvía hacia él, él se volvía hacia mí, y por un brevísimo momento experimentaba una oleada de paz absoluta, de contacto total, de algo que al principio no podía nombrar y que más tarde reconocí como amor. A solas en el coche con él, en la quietud de aquel instante, la oscuridad tan sólo quebrada por las tenues luces amarillas del salpicadero, me sentía a salvo y segura, aunque no sabía a salvo ni segura de qué. Antes de que pudiera formular una pregunta o un pensamiento, Malcolm se giraba de nuevo hacia la carretera, y yo tampoco tardaba en desviar la mirada. Y si bien nunca hablábamos en esas ocasiones, el resto del trayecto era distinto. Entre nosotros había pasado un sentimiento, una corriente, y como todas las demás cosas silenciosas e invisibles entre nosotros, nos cambiaba de algún modo.

Eran poco después de las once cuando llegamos a la casa, y la tensión que me atenazaba seguía intacta. Llevé a la cocina la bolsa de verduras que habíamos comprado en un puesto de carretera mientras Malcolm dejaba nuestras bolsas en el vestíbulo, junto a la escalera. Como de costumbre, en el suelo de la entrada, justo debajo de la ranura del buzón, se veían esparcidos varios sobres y folletos de publicidad del supermercado local. Pero cuando Malcolm los recogió, advertí que se le tensaban los músculos de la mandíbula.

–¿Qué pasa? –pregunté, apoyándome ligeramente en su brazo derecho.

Por lo visto se trataba de una carta escrita a mano, con una enérgica caligrafía femenina sobre el papel color crema.

Malcolm me miró con aire ausente, dobló la carta y la dejó sobre la mesita junto con el resto de la correspondencia sin abrir.

–Ted y Florence me invitan a pasar con ellos el Día de Acción de Gracias –contestó por fin.

–¿Quiénes son Ted y Florence?

–Ted y yo trabajábamos juntos en el *Times*. Es... o más bien era uno de mis mejores amigos.

–¿Y qué pasó? –pregunté–. ¿Por qué ya no sois amigos?

Malcolm colocó las verduras en el frigorífico sin decir nada, cerró la puerta y se apoyó contra ella con los brazos cruzados sobre el pecho. Llevaba una camiseta azul marino desvaída y sobre ella una camisa de franela a cuadros azules a la que le faltaban dos botones en la parte inferior.

–Tienen un hijo, Sam, que tenía..., tiene la misma edad que Benjamin. Que tendría ahora Benjamin. Jugaban juntos aquí –señaló con la cabeza el césped del jardín trasero– y en la ciudad. Después de la muerte de Benjamin, seguimos en contacto durante un tiempo. Jean, Florence, Ted y yo salíamos de vez en cuando a cenar entre semana en la ciudad o a aquí algún fin de semana. Pero nunca fue lo mismo, sobre todo después de que Jean me dejara. No podía... –dio la espalda a la ventana de la cocina y clavó la mirada en el suelo–. No soportaba ver a Sam; no podía evitar pensar en lo injusto que era, en... –meneó la cabeza y se cubrió la boca con la mano–. No podía soportarlo.

–Lo comprendo.

–¿De verdad?

–Claro que sí –murmuré–. Debía de ser muy duro, muy doloroso para ti ver a ese chico, una auténtica tortura.

Miré la ventana de la cocina recordando las fotos de Benjamin que había visto en el piso de Malcolm, un chiquillo con la boca muy abierta, llena de dientes de leche, los labios húmedos maliciosos y felices, e intenté imaginar las voces de dos niños jugando al atardecer estival.

–¿Cuándo los viste por última vez?

–¿A Ted y Florence? Oh, no sé –repuso tras intentar acordarse–. Hace dos años, puede que tres. Alguien, no me acuerdo quién, hizo una fiesta aquí en verano, y ellos vinieron. Sam no, claro. No los he visto desde..., bueno, desde entonces. Pero siempre han mantenido el contacto, o al menos lo han intentado, con felicitaciones de Navidad, tarjetas de cumpleaños... Ted y yo cumplimos años con dos días de diferencia. Pero esto de invitarme a pasar con ellos Acción de Gracias... –se encogió de hombros, perplejo–. Eso era lo que hacíamos antes, durante cinco años. Lo pasábamos aquí, un año en nuestra casa, otro año en la suya... Me sorprende que me inviten ahora.

–Puede que consideren que ya ha pasado bastante tiempo.

–¿Para qué?

–Puede que crean que ya puedes soportarlo. Soportar verlos. Estoy segura de que comprenden por qué no has podido verlos durante todo este tiempo. A lo mejor ahora creen que reanudar la relación te sentaría bien. Que os sentaría bien a todos.

Por unos instantes pareció ensimismado, absorto en el pasado, un pasado del que yo no había formado parte y nunca acabaría de comprender por mucho que lo intentara. La muerte de un hijo, su hijo, era algo que desconocía. Crucé la cocina, le rodeé la cintura, me puse de puntillas y lo besé en el cuello. Al ver que no reaccionaba me separé muy despacio, salí de la cocina y me dirigí al vestíbulo, al presente. Mi presente.

Una semana más tarde, mientras esperaba la salida del vuelo a Portland en el aeropuerto de LaGuardia, llamé a Malcolm para despedirme, pero saltó el contestador. Aún no había decidido si pasaría el Día de Acción de Gracias con Ted, Florence y Sam, o bien aceptaría la invitación de unos amigos de Montauk. Le había propuesto acompañarme a Maine, pero tal como esperaba, declinó el ofrecimiento, de modo que el miércoles por la mañana salí de su piso con una opresión en el pecho que no remitió hasta cuatro horas más tarde, cuando llegué al sendero de entrada de la casa de Paul y Lynn y vi la carita de mi Pepinillo apretada contra el vidrio de la ventana del salón, esperando a su tía LaLa.

9

A primera hora de la mañana siguiente, el Pepinillo me puso las manos en la cara y me tiró de la nariz. Siempre dormíamos juntas cuando iba de visita, y por lo general me despertaba primero yo, emocionadísima por la posibilidad de ver profundamente dormida su carita perfecta, con aquellos ojos almendrados, la boca generosa curvada hacia arriba y la melena de rizos oscuros extendida sobre la almohada.

Abrí los ojos, la abracé con fuerza, sepulté el rostro entre su cuello y hombro, y a punto estuve de desmayarme al inhalar la dulzura de su piel.

–Tía LaLa, tía LaLa –exclamó con creciente insistencia a medida que pasaban los segundos–. Tenemos que levantarnos.

La solté a regañadientes y restregué la nariz contra la suya.

–¿Por qué? –pregunté.

–Porque sí.

–¿Por qué sí?

Volvió a tirarme de la nariz.

–¡Tía LaLa, tenemos que levantarnos porque tenemos que levantarnos!

A todas luces no iba a obtener ninguna otra respuesta, de modo que desistí. El sol empezó a entrar por la ventana del dormitorio mientras admiraba la inmensa cantidad de muñecas, juegos y juguetes alineados pulcramente en la estantería. Oí voces en la planta baja y percibí el olor a café y pavo procedente de la cocina. De repente me sentí hambrienta. Me puse los vaqueros, una camiseta blanca térmica y un par de calcetines gruesos de lana gris mientras Nicole intentaba (sin éxito) ponerse unos pantalones elásticos negros y una chaquetita de angora rosa. Tras acabar la tarea por ella, me puse a gatas para revisar la amplísima selección de zapatos que llenaba su armario. Casi todos ellos los había comprado yo antes de enviarlos y comentarlos con Lynn durante nuestras conversaciones diarias. No tardé en localizar los zapatitos de plástico amarillo en un rincón.

¡Uuuuuf!

–¿Qué tal éstos? –propuse, alargando la mano hacia ellos.

–No quiero llevar ésos –se negó Nicole.

Tras una breve pausa volví a la carga.

–¿Y éstos?

Esta vez le ofrecí los Hush Puppies de ante verde que había comprado en las rebajas en Madison Avenue.

–Tampoco quiero –volvió a negarse.

–¿Por qué no? Nunca te los he visto puestos.

–No.

A esas alturas ya estaba gimoteando, y no sabía si eso me gustaba. Ni tampoco sabía si me gustaba la idea de dar demasiadas opciones a un niño, de modo que cogí las botas Timberland y se las alargué.

–Te pones éstos.

–Vale.

¿Vale?

Después de que ella se los pusiera y yo le anudara los cordones, me levanté y le di una palmadita en el trasero, haciendo crujir las braguitas impermeables.

–¿Tienes pipí? –le pregunté, cogiéndola de la mano cuando salimos de su habitación.

Lynn había empezado el proceso de eliminación del pañal algunos meses antes, y si bien se habían producido algunos progesos (Nicole le tiraba de la manga para decirle que acababa de hacer pipí o caca, y muy de vez en cuando para anunciarle que tenía que ir al lavabo pero aún no se había hecho nada encima), los avances eran demasiado esporádicos para resultar dignos de confianza. Por ello, Lynn me había pedido que se lo preguntara a Nicole tan a menudo como pudiera, aunque le molestara.

–No.

–¿Seguro?

–Sí.

–Seguro.

–Tía LaLa, no tengo pipí.

–Bueno, pues yo sí.

Pero a pesar de ello bajamos la escalera.

Lynn y Paul habían comprado la vieja casona de piedra de principios de siglo casi cuatro años antes, y desde entonces habían hecho varias obras mayores, como instalar un tejado nuevo, cambiar la fontanería y arreglar las tres chimeneas. Los baños y la cocina seguían sin actualizar, pero tras nacer Nicole, Paul y Lynn afirmaron no tener energía para pelearse con contratistas, arquitectos y albañiles. Además, tampoco tenían el dinero necesario para reformas. Sin embargo, la habían amueblado con una combinación de piezas de viejo y algunos sofás cubiertos de fulares que parecían antiguos, de modo que el conjunto resultaba muy acogedor. Y resistente a Pepinillos.

Al llegar a la cocina vimos que mi madre había tomado el mando. Había varias cacerolas sobre los fogones, y el pavo yacía despatarrado sobre el mostrador en una enorme fuente de horno a la espera del sacrificio. Mi madre había dado a mi padre una tabla de cortar y un montón de manzanas para que las pelara, les quitara el corazón y las troceara a fin de preparar una tarta. Mis progenitores, canosos y ataviados con ropa idéntica, vaqueros, sudaderas y chalecos de plumón que les dejaban los brazos al aire, dieron sendos abrazos a Nicole y se dispusieron a prepararle el desayuno.

O al menos, a hablar de prepararle el desayuno.

–¿Crees que ya bebe zumo de naranja? –preguntó mi padre a mi madre con la mano apoyada en la nevera–. ¿Y cereales? –prosiguió sin darle tiempo a responder–. ¿Crees que come cereales o…? –Abrió el frigorífico y escudriñó su contenido con expresión perpleja–. ¿Huevos? ¿Gachas de avena? –Cerró la puerta y se volvió hacia mi madre en busca de ayuda.

–Zumo de manzana. Gofres congelados. Odia los huevos y los únicos cereales que come son los *Life*, pero a Lynn se le han acabado –recitó mi madre en rápida sucesión.

Acto seguido, ambos se pusieron a abrir cajones y alacenas en busca de vasos y platos de plástico para el desayuno del Pepinillo. Estaban tan ocupados que apenas repararon en mi presencia, lo que me alegró en secreto, pues no estaba lo bastante despierta para entablar conversación alguna. Me serví una taza de café y me senté a la mesa de la cocina junto a Lynn, que tomaba té y escuchaba a mis padres, pasmada de que ni siquiera se molestaran en consultarle.

–Hola –la saludé.

–Hola.

–¿Estás bien?

–Sí, sí. Al fin y al cabo, no soy más que la madre que da de comer a su hija cada día, pero eso no significa que tengan que preguntarme lo que come, ¿verdad? Por no mencionar que es mi cena de Acción de Gracias en mi casa, pero aun así no he tenido nada que ver en el proceso.

–¿Te sientes…?

–¿… infantilizada? Sí.

–¿Te apetece…?

–¿… decir algo que desencadene la Tercera Guerra Mundial? No. Me acurrucaré aquí en silencio.

Le propuse que subiera a ducharse y vestirse, y que se tomara su tiempo mientras yo ayudaba a mis padres a dar de comer a Nicole. Mi hermana apuró el té de un solo trago malhumorado y salió de la cocina. Me apoderé de la caja de gofres que mi padre tenía en la mano, le anuncié que yo me ocuparía de todo y tosté dos gofres, uno para Nicole y otro para mí.

–Tía LaLa tiene que cortarme el gofre –advirtió Nicole a mi vera.

–¿Qué se dice?

–Por favor.

–¿Por favor qué?

–¡Tía LaLa! –exclamó con una risita.

Unté su gofre de mantequilla y acababa de empezar a trocearlo cuando profirió un grito. Dejé caer el cuchillo, aterrada ante la posibilidad de haberle rebanado un dedo.

–¡Quiero que me lo cortes como mi mami-mami!

Me la quedé mirando.

–Por favor.

–Vale. ¿Cómo lo corta tu mami-mami? ¿Así, por la mitad?

–Sí, pero más pequeño.

–Lo corta otra vez. ¿Así?

–Sí, pero más pequeño.

Dividí de nuevo el gofre, le alargué el plato con la pasta cortada en cuadraditos, acerqué mi plato y troceé mi gofre en ocho porciones.

–Has cortado tu gofre igual que el mío, tía LaLa.

–Es que quería ser como tú.

–Somos iguales.

–Exacto, somos iguales.

Después de desayunar fuimos al comedor para sacar la vajilla buena del aparador empotrado. Empecé a poner la mesa, hablándole a Nicole de los platos, las servilletas y los cubiertos mientras trabajaba. Como si le importara un comino.

A las dos, la mesa estaba puesta, la comida casi en su punto y todo el mundo vestido para la cena. Nicole llevaba un vestido nuevo de terciopelo verde con medias de encaje blancas y botas tipo Doc Martens de suela gruesa. Estaba monísima. Cuando ella, Lynn y yo entramos en el salón, encontramos a Paul encendiendo el fuego. De haber estado Malcolm allí, se habría ofrecido a ocuparse de ello, pues se jactaba de hacer fuegos perfectos. Me pregunté dónde estaría, qué habría decidido y si estaría soportando bien la presión de los recuerdos. Pensaba que tendría tiempo suficiente para llamarle antes de la cena, pero justo cuando cogí el teléfono inalámbrico y buscaba un rincón tranquilo, mi madre nos llamó a la mesa.

–Todo parece riquísimo –alabó Paul mientras tomaba asiento a la cabecera de la mesa y mi madre, mi hermana y yo traíamos la comida de la cocina.

En cuanto nos sentamos empezaron a circular los platos. Pavo, relleno, patatas asadas, espárragos e hígado picado (una nueva receta de alguien a quien mis padres habían conocido en uno de sus viajes). Lynn preparó un plato para Nicole.

–Espárragos no, mami-mami.

–Vale, no tienes que comer espárragos.

–Y yo no quiero boniatos –le recordé.

Lynn me miró por encima de la cabeza de Nicole.

–No te preocupes, lo sé todo acerca de tu horror a las hortalizas anaranjadas.

–No es culpa mía –me defendí–. Si alguien que yo me sé no me hubiera obligado a comer zanahorias cocidas cuando tenía cuatro años, probablemente ahora no tendría ningún problema con ellas.

–No te obligué a comer zanahorias –replicó mi madre.

–Perdona, pero recuerdo que me abrías la boca a la fuerza y me las metías dentro hasta que me daban arcadas –Me volví hacia Nicole y fingí que vomitaba–. Las zanahorias son asquerosas.

–Las zanahorias son asquerosas –repitió con una mueca.

Miré a mi madre con una sonrisa triunfal. Pero ¿cuántos años tenía, si podía saberse?

Transcurrieron varios minutos de tintineo de cubiertos y alabanzas a la cocinera antes de que Nicole anunciara su intención de comerse el relleno con las manos.

–¿Te importaría comer con el tenedor, por favor? –le pidió Lynn, lo cual me hizo reír.

Siempre me burlaba de que le pidiera a Nicole las cosas por favor en lugar de ordenárselas, como si tuviera elección.

Nicole cogió un pedazo de relleno con los dedos, se lo metió en la boca y lanzó una risita. Tenía la cara llena de trozos de carne, apio y cebolla, y se había manchado el precioso vestido de terciopelo verde. Mi madre presenciaba la escena con expresión desaprobadora.

–Dile que...

–¿Que le diga qué?

–Que pare...

–¿Que pare qué?

–Tiene que aprender que no puede...

–Sólo tiene tres años y medio, ¿vale? Los niños de tres años y medio no entienden el concepto de «tener que aprender que no pueden».

–Puede que no lo entienda, pero al menos aprenderá que tiene que portarse bien durante...

–No tiene que portarse bien durante...

–Sólo estamos nosotros –terció–. Estamos en...

–Familia –acabó Lynn por mí.

–Sé que estamos en familia, pero incluso en familia debería aprender a comportarse.

–¿Por qué? –replicó Lynn al tiempo que dejaba el tenedor sobre el plato–. Sólo porque nosotras nos portáramos patológicamente bien...

–... como niños victorianos... –añadí.

–... no significa que tengamos que educarla a ella de la misma forma.

–¿De qué forma? –exclamó mi madre con aire ofendido.

–Siempre con miedo a ensuciar algo... –empezó Lynn.

–... o a que nos gritaran –agregué.

–No os gritábamos siempre.

–Sí que nos gritabais –aseguró Lynn.

–No es verdad.

–Sí lo es –me sumé a la queja.

Paul levantó el plato de carne blanca y lo miró con una sonrisa.

–¿Alguien quiere repetir?

Largo tiempo atrás se había autoproclamado observador indiferente de patologías familiares en reuniones como aquella, y en aquel momento representaba su papel con evidente deleite.

–Yo comeré un poco más si nadie más se apunta –repuso mi padre mientras comparaba el contenido de su plato con el de los demás para confirmarse a sí mismo que no era un cerdo.

Siempre le había producido cierta fobia la posibilidad de comer demasiado, sobre todo en las celebraciones, razón por la que seguía tan delgado a los sesenta y muchos años.

–Da igual si los demás se apuntan o no –espetó Lynn–. Puedes comer más de lo que quieras. Estamos en un país libre.

–Bueno, es que no quiero pasarme –insistió mi padre con otro vistazo a los demás platos.

–¿Pasarte? –exclamó Lynn, incrédula–. ¡Pero si comes como una mujer!

–Una mujer a dieta –puntualicé.

Lynn asintió con la cabeza.

–Pesa menos que yo..., claro que eso no quiere decir gran cosa.

–También pesa menos que yo –aseguré–, claro que eso tampoco quiere decir gran cosa.

–Bueno –bufó mi madre con el mismo tono ofendido de antes–, si creéis que siempre os gritábamos...

–No he dicho que siempre nos gritarais –aclaró Lynn–, sino que siempre teníamos miedo de que nos gritarais.

–No empieces.

–¿Que no empiece a qué?

–A tergiversar mis palabras.

–No tergiverso tus palabras. Que te griten y tener miedo a que te griten son...

–... dos cosas muy distintas –me metí.

–Mira quién habla.

–Tiene derecho a hablar –me defendió Lynn.

Mi madre puso su cara más famosa, con las comisuras de los labios curvadas hacia abajo y los músculos del cuello muy tensos. A todas luces nos acercábamos al precipicio del desastre.

–Vale, ya lo entiendo.

–¿Qué es lo que entiendes?

–Que os habéis confabulado contra mí.

–No nos hemos confabulado contra ti –objeté sin convicción alguna.

–Sí lo es. Has dicho «hemos».

–Hablando de tergiversar palabras –pinchó Lynn.

–Creo que vuestra madre intenta decir que… –intervino mi padre.

–No necesito intérprete.

–Que Nicole necesita cierto control.

–Disciplina –corrigió mi madre.

–Si estás diciendo que debo impedir que se exprese…

–No digo que debas impedir que…

–O que debo doblegar su voluntad hasta que se vuelva completamente dócil y…

–… sumisa –añadí.

Dios mío, ¿tendría que volver a la terapia?

–… como nosotras, entonces te diré que no me interesa.

–Que de vez en cuando te digan «no» no es lo peor que…

–Doblegar la voluntad y el espíritu a Nicole a los tres años y medio no es precisamente lo que teníamos pensado.

Paul levantó la mirada del plato en el que había fingido concentrarse al máximo para evitar participar en la refriega.

–¿Estás hablando conmigo?

–Decía –espetó Lynn, lanzándole una mirada penetrante para que la apoyara– que no somos partidarios de doblegar la voluntad y el espíritu de Nicole a los tres años y medio.

–Ah, ¿no?

–No.

Lynn le arrojó un guisante, gesto que Nicole se apresuró a imitar.

–Bueno –suspiró Paul mientras pescaba un guisante de su regazo y otro de su pelo–, pues a lo mejor deberíamos serlo.

Después de comer, cuando Nicole subió por fin a echarse la siesta, llevándose consigo a Paul, después de que Lynn y yo nos disculpáramos ante mi madre por la regresión que acabábamos de experimentar, y después de que mis padres salieran a dar su paseo diario a pesar del frío, mi hemana y yo fuimos a la sala trasera. Con ademanes fatigados, Lynn apartó montones de juguetes, muñecas y animales de peluche del sofá para hacerse un hueco.

–Menuda pesadilla –resopló.

–Lo sé –resoplé–. En fin, al menos se acabó.

–¿Que se acabó? Estamos a jueves por la tarde. Quedan tres días hasta el domingo.

–Cierto, pero la gran batalla ha terminado. A partir de ahora, las demás nos parecerán menudencias.

–Tienes razón –convino mientras apoyaba las piernas sobre la mesilla de café–. Bueno... ¿Qué tal todo?

–Bien –repuso con un encogimiento de hombros.

De repente hizo una mueca y se levantó.

–¡Mierda! –gritó sacando un pequeño molino de plástico duro–. Menos mal que estoy tan gorda, porque si no me habría hecho daño de verdad.

–No estás gorda.

–Si lo estoy.

Sacó barriga y aflojó los brazos y piernas cuanto pudo para parecer lo más fofa posible.

–No estás gorda –repetí con más insistencia mientras me decía que nos parecíamos siniestramente a Karen y su hermana Gail–. Sólo que antes estabas muy delgada y ahora estás normal, como el resto de los mortales.

–Da igual.

Nos sonreímos. Me encantaban aquellos momentos con Lynn; me recordaban épocas en que éramos más jóvenes y mis padres salían, dejándonos la casa para nosotras solas.

–¿Qué tal con...?

–¿Malcolm? Bien. Como siempre.

–Sin cambios.

–Exacto.

Aunque estábamos muy unidas y nunca nos juzgábamos, yo con los años había aprendido a no decirle demasiado, ya que de lo contrario se preocupaba por mí más de lo normal.

–¿Qué vas a hacer?

–¿Respecto a él? Aún no lo sé.

–Quizás deberías...

Titubeó porque no quería parecer desaprobadora ni pretender decirme cómo llevar mi vida.

–No sé, como quieres tener hijos, puede que él no sea la persona más prometedora. Claro que no es asunto mío...

–No, no, tienes razón –convine–. Tendría que empezar a buscar a otro, sobre todo teniendo en cuenta que se me acaba el tiempo.

–No se te acaba el tiempo. Tienes un montón de tiempo. Muchas mujeres no empiezan a tener hijos hasta los cuarenta.

–No quiero esperar hasta los cuarenta. No quiero tener el primer hijo a los cuarenta. Pero si apenas tengo energía para cuidar de mí misma.

–Te comprendo. Puede que si hubiera tenido a Nicole antes, no estaría siempre tan cansada.

–¿Crees que...? –farfullé de repente–. ¿Crees que debería tener un niño?

–Claro que sí.

Tal vez no entendía a qué me refería.

–Quiero decir sola –aclaré.

–Claro.

La sencillez y seguridad de la respuesta de Lynn me pillaron del todo desprevenida.

–O sea, que no crees que sea malo.

–¿Malo en qué sentido?

–No sé, que sea malo para el niño tener un solo padre. Egoísta.

–No. Desde luego, hay que tenerlo en cuenta porque es importante, pero diría que hay cosas mucho peores para un niño.

–He estado investigando un poco..., ya sabes, por si algún día me decido a hacerlo. ¿Crees que estoy loca?

–No, no creo que estés loca. Sólo que da mucho trabajo –suspiró, apoyando la cabeza en el respaldo del sofá–. Mucho trabajo.

–Lo sé.

–Ya es duro tener un hijo estando casada, pero al menos tienes un poco de ayuda al final del día, cuando crees que te pegarás un tiro si tienes que pasar un solo minuto más sola con el bebé –Reflexionó sobre ello un momento, y la sola idea pareció fatigarla–. No me puedo imaginar hacerlo sola.

–Yo tampoco, la verdad.

Me removí incómoda en el sofá. No pude evitar ponerme un poco a la defensiva mientras me explicaba lo difícil que sería, como si no hubiera tenido en cuenta ese aspecto.

–No pretendía insinuar que estés idealizando la idea de tener un hijo sola.

–Es que no lo estoy haciendo.

–Lo sé. Lo que pasa es que quieres tener uno; lo deseas mucho, mucho. Tener un hijo lo cambia todo. Todo. Te cambia toda la vida para siempre. Eso no te lo dice nadie, y si te lo dicen no te lo crees o no escuchas.

–¿En qué sentido te cambia la vida? Aparte de lo evidente, es decir, que te quedas sin tiempo, intimidad ni egoísmo…

–Bueno, ante todo eso, pero también te pasan otras cosas, cosas que no esperas.

Esperé mientras ordenaba sus ideas.

–Es como si te perdieras a ti misma. Pierdes el sentido de quién eres. Claro que da igual, porque de todas formas te conviertes en una persona totalmente distinta. Pero no sé, es como si olvidaras quién eras antes, cómo eras antes. Te cambia el cuerpo, la mente, el matrimonio… Todo cambia tan de repente y por completo que tardas un tiempo en comprender el alcance de lo sucedido. A veces recuerdas pedazos, por la noche cuando estás demasiado cansada para dormir después de una toma, o al final del día cuando acabas de acostar al bebé y tienes los primeros momentos de paz y silencio… Es como un flashback. Tienes un recuerdo vago y lejano de aquella persona, aquella vida que conocías. Te dices «Antes tenía tal aspecto y llevaba tal ropa y pensaba en tales cosas y leía tales libros». Pero todo ha dado paso a otra persona y a otra vida. No es que sea malo; simplemente es diferente.

–¿Alguna vez...?

–¿... me arrepiento? No, en absoluto –aseguró con vehemencia–. Nunca. No puedo imaginarme la vida sin Nicole, me resulta imposible. Sólo te lo cuento porque debes saberlo. Debes saberlo antes de tomar una decisión, para que así cuando la tomes, si es que la tomas, estés preparada. Más preparada que yo en su momento.

–Gracias.

–Para eso están las hermanas mayores, para dar consejos que parezcan condescendientes sin pretender serlo.

–No me han parecido consejos condescendientes. Lo que pasa es que a veces me harto de que la gente que tiene hijos hable como si la gente que no tiene fuera incapaz de entender lo que significa. Pero por lo que puedo imaginar y sobre la base de lo que he observado, creo que puedo juzgar con bastante acierto si quiero o no quedarme embarazada.

–Claro que sí, y parece que realmente quieres, creo que más de lo que yo quería antes de tener a Nicole –Dobló las piernas bajo el cuerpo–. Y es evidente que serías una madre estupenda, con lo que te vuelcas en ella... –dijo señalando el dormitorio del Pepinillo.

Cogí uno de los ositos de peluche de Nicole y empecé a tirarle del pelaje.

–¿Cómo lo harías? –preguntó Lynn–. ¿Hay alguien a quien puedas...?

–No tengo ni idea. Acabo de empezar a pensar en el asunto y no tengo intención de hacer nada ahora mismo. Primero tengo muchas cosas que investigar.

–Claro.

Miramos por la ventana y escuchamos el susurro del viento entre los árboles. El cielo relucía amarillo y rosado tras las ramas desnudas. El sol no tardaría en ponerse. En aquel instante oímos la puerta y a mis padres quitándose los zapatos y atravesando la cocina en nuestra dirección.

–Por cierto, Karen vuelve a estar embarazada –anuncié al recordar que no se lo había contado a ninguno de ellos.

–Yo también –dijo Lynn.

Sin querer volví la mirada hacia su vientre para comprobar si de nuevo había pasado por alto indicios evidentes de embarazo, como en el caso de Karen. Mis padres profirieron exclamaciones de alegría y la abrumaron con besos y abrazos, pero yo no pude evitar una punzada de celos seguida de la sensación de que el tiempo se me escapaba. Siempre había soñado con que los hijos de Lynn y los míos crecieran juntos, y como no me pusiera pronto, la diferencia de edad entre ellos sería excesiva.

–Uau –musité casi para mis adentros–. Es estupendo, genial. Felicidades.

Lynn sonrió con expresión feliz. Muy feliz.

–No queríamos decir nada hasta que acabara el primer trimestre y estuviéramos seguros de que el feto se adhería bien, pero...

–O sea que el Pepinillo tendrá un hermanito –constaté despacio.

–Y tú tendrás otro Pepinillo –añadió mi madre.

–Pepinillo no hay más que uno –objeté.

–A menos que tengas uno propio –terció Lynn.

Mis padres me miraron horrorizados mientras Lynn se cubría la boca con la mano y adoptaba una expresión de disculpa.

–¿Tienes algo que contarnos? –inquirió mi madre.

–¿Algo que debamos saber? –agregó mi padre.

–Tranquilos –suspiré–. No era más que un comentario retórico. Lynn quería decir algún día, en el futuro. Porque tengo pensado tener futuro, ¿sabéis?

–Pues claro –exclamó mi padre.

–Nunca hemos dicho que no tuvieras futuro –aseguró mi madre.

Meneé la cabeza para zanjar la cuestión, pero la idea de tener un bebé seguía vibrando en mi mente como un espejismo, apareciendo y desapareciendo, real e irreal. Me volví hacia Lynn en un intento de agarrarme a la realidad.

–¿Cuándo sales de cuentas?

–El cuatro de septiembre.

Aquella noche, mientras la acostaba, el Pepinillo me aseguró que aquella vez se había hecho pis porque no sabía dónde estaba el baño.

–Claro que sabes dónde está el baño.

Nicole negó con la cabeza.

–Que sí. Está ahí mismo –Señalé la puerta de su dormitorio y luego el pasillo–. Tendrías que ir ahora, antes de acostarte.

–No.

–Que sí.

–Que no.

–Que sí.

Le agarré las mejillas y le acerqué la cara todo lo que pude sin rozarla con la mía.

–¡Beso de esquimal! –ordené.

–¡Beso de esquimal! –repitió.

Me cogió la cara, nos restregamos las narices y forcejeamos sobre la cama hasta que quedé exhausta.

Ya era hora de acostarse, al menos para Nicole, si bien estaba tan rendida que no me habría importado meterme en la cama. Me tumbé junto a ella bajo la ropa de cama y le leí varios cuentos. Al llegar al quinto se nos cerraban los ojos, de modo que acabé el que teníamos a medias, *Arándanos para Sal*, me levanté, apagué la lámpara de techo y encendí la lamparilla nocturna de *Barney*.

Volví a acostarme junto a Nicole, la tapé con la colcha de *Winnie de Pooh* hasta el cuello y respiré hondo. Había sido un día largo, muy largo, y la cabeza aún me daba vueltas por la noticia de mi hermana. ¿Sería niño esta vez? ¿Querrían saberlo con antelación, a diferencia de la primera vez, cuando quisieron que fuera una sorpresa? ¿Cómo reaccionaría Nicole ante el nuevo hermanito? ¿Cómo reaccionaría yo ante el hecho de ser tía por segunda vez? ¿Podría llegar a sentir por el nuevo bebé lo que había llegado a sentir por Nicole, o sería ella siempre mi favorita? De repente me pregunté cómo sería al cabo de unos años. ¿Sería siempre tan obstinada, parlanchina y segura de sí misma como ahora? ¿Seguiría pintando y se convertiría en una artista, o bien la fascinación por el Lego la haría decantarse por la arquitectura o las matemáticas? ¿Estaríamos siempre tan unidas como ahora? ¿Seguiría queriéndome o al crecer se distanciaría de mí? Cuando me incliné sobre ella para besarla, no pude evitar imaginar cómo sería mi hijo, qué aspecto tendría, en qué se convertiría... si es que algún día tenía uno.

–Buenas noches, Pepinillo.

–Buenas noches. Te tero.

–Yo también te tero –aseguré.

Me dormí llorando, tan conmovida por la sencilla felicidad de su declaración que no podía pensar en nada aparte de mi deseo de tener un hijo propio y de lo que podía hacer para convertir ese sueño en realidad.

El segundo trimestre

10

A juzgar por la actitud de Simon, cualquiera habría dicho que la fiesta de la canastilla de Karen sería el acontecimiento de la temporada.

–Será el acontecimiento de la temporada –sentenció la primera semana de enero, cuando todos regresamos de las minivacaciones de Navidad y Año Nuevo.

A todas luces, Simon se moría por entrar de nuevo en el ruedo; en cambio yo apenas podía con mi alma, pues aún no me había recuperado por completo de la prueba de pasar tanto tiempo con mi familia, primero en noviembre y luego en diciembre. Sin embargo, no se trataba sólo de eso. Habían sucedido muchas cosas durante ese período: el derrumbamiento de Amy y nuestro ultimátum; la noticia del embarazo de Lynn y su permiso para que tuviera un hijo sola; la certeza de que no tardaría mucho en verme obligada a tomar una decisión respecto a mi relación con Malcolm. Habían sido unos meses difíciles, por lo que me sentía exhausta y emocionalmente exprimida.

Simon me persiguió hasta mi despacho, cerró la puerta tras de sí y encendió un Dunhill. Ahora que Karen estaba embarazada tenía prohibido fumar en su mesa, lo cual era una pena porque los preparativos de la fiesta parecían tenerlo muy presionado.

–Hay tanto que hacer que no te lo puedes ni imaginar.

–Es una canastilla –le recordé–, no el desfile de primavera. ¿Por qué tanto alboroto?

Simon me miró como si hubiera perdido el juicio.

–No hablarás en serio. Es para Karen.

Pronunció el nombre casi sin aliento y con temor reverente, como si fuera el presidente del Culto a Karen.

–Todo tiene que ser perfecto. Ya sabes cómo se pone cuando las cosas no salen perfectas.

No pude contener una sonrisa. Desde luego, Simon era más raro que un perro verde.

–Gail quería reservar el salón de los espejos del Pierre, pero Karen dijo que no iría si lo hacíamos allí. Dice que es demasiado anticuado. Por fin nos decidimos por el Royalton, el restaurante y el bar. Pero entonces Gail habló con Martha, quien se ofreció a hacer la fiesta en su casa de Connecticut, sólo que la fecha no le iba bien.

Estaba repasando mis mensajes y escuchando sólo a medias, así que levanté la mirada para que me aclarara un punto.

–¿Qué Martha?

–Stewart. Se ocupará de la comida y las flores, por supuesto, así como del diseño global.

¿El diseño global?

–Pero al final lo celebraremos en casa de Gail.

–¿En Oyster Bay?

–No, en la casa de Easthampton. Habrá que darle un buen meneo para la fiesta, pero qué remedio. En fin... Nora redactará la invitación.

Ephron.

–Celine ha prometido cantar.

Dion.

–Y ya hemos confirmado la presencia de algunas personas, como Barbara, Julia y, por supuesto, Demi.

Walters.

Roberts.

Moore.

Las clientas más importantes de Karen.

–¿Cuál es la fecha?

–El 1 de mayo, domingo. Distribuiremos una tarjeta recordatorio en cuanto cerremos la lista de invitados.

¿Una tarjeta recordatorio con cuatro meses de antelación?

Simon acababa de sacarse un papel del bolsillo del traje, seguramente una lista de tareas. Me aterraba la idea de quedar absorbida en aquella vorágine.

–Annete supervisa la impresión y el envío de las invitaciones –empezó.

Y Correos ya ha empezado a diseñar una colección de sellos de la moda para conmemorar el acontecimiento.

–Gail y yo nos encargamos del primer y segundo borrador de la lista de invitados, que luego tendrás que revisar y poner a punto.

Y escribir en un código secreto que sólo nuestros tres descodificadores secretos podrán descifrar...

–Renee se ocupará de la tarta.

Qué ironía. Me pregunté si eso significaría que siete hombres saldrían de él ataviados tan sólo con pañales de cuero, listos para que los cambiaran.

–Y tú –terminó, porque por supuesto aún no me había asignado una tarea– te encargarás del regalo.

–¿El regalo?

–Del personal. Ya sabes, algo así como *Con cariño y amor de tus leales abejas obreras*.

–Esclavas sería más apropiado.

Simon agitó la mano con ademán desdeñoso; no tenía tiempo para mis jueguecitos semánticos.

Cuando él y su absurda lista salieron por fin de mi despacho, me senté en el canto de la mesa y me pregunté de dónde sacaría la energía para participar en otra canastilla, sobre todo una que prometía ser tan conspicua y ridículamente ostentosa como la de Karen. Y además me preocupaba otro detalle: ¿Qué se le regala a la alienígena que lo tiene todo?

Nunca lo habría reconocido ante Simon, pero estaba demasiado ensimismada para obsesionarme con el regalo de Karen en la misma medida que él.

Desde Acción de Gracias, Amy y yo habíamos pasado casi todo nuestro tiempo libre leyendo, el primer paso, como siempre había creído, para colocar los cimientos de una decisión, sobre todo una decisión tan absolutamente crucial como era la de tener un hijo. Las pilas de libros sobre el escritorio de mi casa y la mesilla de noche crecía semana a semana, mes a mes, una ironía que no se me escapaba, y las noches y los fines de semana que no pasaba con Malcolm los dedicaba a leer algunos capítulos generales de la obra de Penelope Leach, el doctor Spock o T. Berry Brazelton antes de dormir.

A efectos prácticos decidí comenzar por el libro más sencillo, *La guía amiga del embarazo*, para luego pasar a la trilogía de longitud proustiana *Qué se puede esperar cuando se está esperando*. La *Guía amiga* se describía a sí misma en la contraportada con tipografía rosa brillante como el libro que te explicaba «qué puede esperar una cuando pasa de ser una cría a tener un crío».

Eché un vistazo a la grasa abdominal sobre la que descansaba el libro.

Bueno, al menos en mi caso, la transformación del antes al después no sería tan espectacular.

Me puse a hojear el libro y descarté de entrada la lectura de medio volumen porque estaba repleto de apartados inútiles tales como:

Cómo decirle a tu marido que estás embarazada.

Maridos como instructores para el parto.

Maridos y los cambios en tu cuerpo.

Maridos y sus temores.

Maridos y su participación en el embarazo.

Maridos y su participación en el parto.

Maridos y masajes.

Maridos y sexo durante el embarazo (por el amor de Dios).

Grapé todos aquellos capítulos para no tener que verlos y recordar constantemente el irritante hecho de que los maridos solían formar parte del embarazo, pero no en mi caso.

Esperaba que al menos yo misma formara parte de mi embarazo. Seguí leyendo.

Estrías.

Hemorroides.

Crecimiento acelerado de las uñas.

Crecimiento acelerado del cabello (Tomé nota para comentárselo a Amy a fin de que pudiera matar dos pájaros de un tiro: se quedaría embarazada y encima se desembarazaría de aquella calva que le había salido.)

Digestión.

Demencia.

Llegada a ese punto decidí limitar la lectura al primer trimestre de embarazo para así mantener un enfoque lineal y no adelantarme en exceso. A fin de cuentas, no parecía tener sentido preocuparse por los desafíos del segundo y tercer trimestre, tales como la episiotomía, la pérdida de control de la vejiga, la cicatriz de la cesárea, el edema, las varices, la amniocentesis, la fetoscopia y la muestra de vellosidades coriónicas. Me reservaría aquellos temas para más adelante y así tendría algo por lo que ilusionarme.

Las náuseas matutinas eran uno de los puntos álgidos de los primeros tres meses de embarazo, por lo que se me antojó imprescindible familiarizarme con ellas, pese a que estaba harta del tema después de leer la estúpida entrada que Arlene Schiffler había escrito en su diario el mes anterior. En cualquier caso, cuando terminé los *Diez mandamientos de las náuseas matutinas* de la *Guía amiga*, pasé a *Qué se puede esperar cuando se está esperando*. Preparé un cuaderno por si me venía la inspiración y me daba la vena de confeccionar una lista, hacer un esquema o sencillamente garabatear comentarios sarcásticos.

La lectura empezó con mal pie. Tropecientas referencias a los maridos y futuros padres atestaban las páginas y me tocaron la moral hasta que leí una breve nota al inicio del libro: SER MADRE SOLTERA.

Durante la lectura de este libro, recomendamos tener en cuenta lo siguiente: Las numerosas referencias al «marido» y al «futuro padre» no pretenden excluirte. Puesto que casi todas nuestras lectoras forman parte de familias tradicionales, resulta más sencillo emplear estos términos que intentar incluir todas las alternativas existentes.

Comprendo.

Así que nada de los típicos términos atípicos como:

Donante de semen.

O *padre biológico.*

O *padre biológico no paterno.*

O *compañero de nacimiento no familiar.*

O *víctima de cosecha de semen debida a trastorno de fantasía de embarazo accidental.*

Navegué por Internet en busca de denominaciones alternativas, pero cuando la primera búsqueda arrojó como resultado un popurrí de servicios disponibles que eran un poco demasiado no tradicionales para mí, entre ellos un servicio de contactos para completos desconocidos deseosos de encontrar a alguien (quien fuera) dispuesto a «coparticipar» en la paternidad de un niño, decidí concentrarme en los libros. Tachar de vez en cuando la palabra «marido» o grapar algunas páginas para no tener que verlas me parecía normal en comparación con lo otro.

–¿Qué piensas de la adopción? –me preguntó Amy una gélida tarde de domingo a mitad de enero después de una primera expedición infructuosa en busca del regalo de Karen.

–¿Que qué pienso de la adopción? –repetí soplándome las yemas de los dedos mientras hervía agua para preparar chocolate caliente–. Me parece bien si no puedes tener hijos. Pero yo quiero uno propio.

–¿Y si no pudieras?

–¿Si no pudiera qué?

–Tener uno propio.
–Entonces adoptaría.
Quizás.
Más me valía encontrar un buen libro sobre el tema.
Hojeé *Más allá de Jennifer y Jason: Guía ilustrada de nombres para tu bebé*, un libro que contenía todos los nombres pretenciosos del universo y explicaba qué hijos de famosos los tenían. Sin embargo, era evidente que no leía.
–Creo que acabaré adoptando uno.
–¿Por qué?
–Porque estoy convencida de que soy estéril.
–¿Estéril? –exclamé en el tono más horrorizado que pude adoptar–. Pero ¿qué son esas palabrejas? Infértil, puede. De fertilidad restringida, si quieres. Pero no estéril...
Fui a la cocina, volví con dos tazones de cacao caliente y me senté junto a Amy en el sofá. Necesitaríamos el chocolate para superar aquella conversación.
–¿Por qué lo dices?
–No sé, es que siempre lo he sospechado.
–Pero ¿por qué? ¿Tienes alguna razón científica para creerlo?
Amy se encogió de hombros.
–¿Algún médico gilipollas de Planificación Familiar te lo dijo hace diez años al diagnosticarte una candidiasis como sífilis?
–No –repuso antes de dejar el libro y coger el tazón–. Es que nunca me he quedado embarazada.
–Yo tampoco –dije, cada vez más perpleja–. ¿No es para eso para lo que nos hemos embarcado en este Viaje de las Decisiones Vitales? ¿Para decidir si algún día nos quedamos embarazadas?
–Sí, pero...
–Pero ¿qué?
–Es que a veces no he tomado precauciones y no ha pasado nada –confesó tras una pausa.
–¿Quieres decir a lo largo de tu vida?
Amy no contestó.
–¿De cuándo estás hablando?

Me miró por entre el vaho del tazón.

–¿Quieres decir con Will? ¿Con Will ahora?

Amy asintió.

–¿Qué significa que no tomas precauciones con Will?

–Que he dejado de tomarlas.

–¿Cuándo?

–Hace un mes y medio, hacia el Día de Acción de Gracias.

Me recliné en el sofá.

–¿Lo sabe?

–No.

–No se lo has dicho.

–No.

Intenté leerle el pensamiento.

–Y sigues haciéndolo –constaté.

Asintió con un gesto.

–O sea que estás jugando a la ruleta rusa, a ver si ganas.

Sentí un nudo de preocupación en la boca del estómago y me incliné hacia adelante a la espera de que se explicara.

Pero no se explicó.

–No entiendo por qué lo haces –suspiré–. ¿Por qué te muestras tan despreocupada con algo que te cambia tanto la vida?

Encogió no sólo los hombros, sino el cuerpo entero.

–Estoy harta de esperar, de esperar a que Will haga algo, de esperar a que me caiga del cielo algo que lo remueva todo y me empuje en una dirección distinta. Soy abogada, joder, una mujer de acción que toma decisiones importantes cada día. No sé por qué no puedo hacer lo mismo con mi vida personal.

–Pero no te lo has pensado a fondo. Todavía no sabes cómo hacerlo.

–Sí que me lo he pensado –replicó, desafiante–. Voy a quedarme embarazada por accidente; me parece mucha mejor idea que la del banco de semen.

–No me refiero a lo de quedarte embarazada, sino a la logística, al día a día. Me refiero al dinero, el cuidado del niño, el trabajo. ¿Contratarás a una niñera y seguirás trabajando? ¿Intentarás trabajar a media jornada? ¿Podrías permitirte trabajar menos horas? ¿Lo permitiría tu empresa?

Tenía la sensación de hablar con una niña de diez años.

–Muchas mujeres se quedan embarazadas por accidente y se las arreglan con mucho menos dinero del que gano yo.

–No hablo sólo de dinero ni de arreglárselas; hablo de estar preparada. Es muy diferente hacerlo sola; requiere mucha planificación y racionalidad hacerlo sola, por no hablar de sentirse bien. ¿Y qué hay de Will?

–¿Qué hay de Will?

–Bueno, ¿no te parece que quedarse embarazada por accidente adrede plantea un dilema moral? ¿Te parece justo hacerle esto?

–¿Te parece justo que haga lo que le da la gana conmigo y esté desperdiciando mis años fértiles?

De acuerdo. A todas luces, tendría que emplear una táctica distinta. Hasta entonces había creído saber cómo tocarle la fibra sensible a Amy, pero de repente ya no estaba tan segura.

–¿Qué crees que haría si te quedaras embarazada? –inquirí.

–No lo sé –admitió, jugueteando con el asa del tazón.

–¿Crees que querría tener el niño? ¿Crees que eso inclinaría la balanza a tu favor, que lo impulsaría a querer casarse contigo? –presioné.

–No lo sé. Puede.

–¿Puede? ¿Un tipo que es un estudiante perpetuo y crees que madurará de la noche a la mañana y se convertirá en el padre y marido perfecto?

–Es posible. Tal vez lo haría si se viera obligado a hacerlo.

–Me parece que te engañas a ti misma.

Por expresarlo con delicadeza.

–No digo que sea probable, sólo posible –puntualizó.

Probable frente a posible. Qué bien se les daban las palabras a los abogados.

–No me parece demasiado prometedor.

–A mí tampoco, pero es mejor que nada.

Fruncí el ceño en un intento de comprender su lógica, pero fracasé.

–¿Por qué es mejor que nada?

–Porque sí, porque al menos ya estaría embarazada y habría resuelto la mitad de la ecuación. De lo demás podría preocuparme más tarde.

Más tarde, cuando se fue, tuve la sensación de haber conseguido disuadirla de emprender una acción tan temeraria y contener hasta cierto punto su Fantasía de Embarazo Accidental Mediante Boicot de la Contracepción.

No había sido nada fácil.

Su determinación de precipitar una decisión, un cambio en su relación con Will me parecía desesperada y extraña, máxime teniendo en cuenta que, de las dos, era ella la menos entusiasmada con la idea de tener un hijo sola.

Que era lo que con toda probabilidad acabaría sucediendo si el boicot de la contracepción proseguía durante mucho tiempo.

Sin embargo, cuanto más pensaba en ello, más me convencía de que en realidad no pretendía tener un hijo sola.

Tal como había reconocido un rato antes, esperaba que al saber la noticia, Will aceptaría el desafío; esperaba que por fin se diera cuenta de que estaba harto de ser un cuarentón retrasado e infantiloide, de que aquella era la oportunidad perfecta para cambiar de vida.

Y cuanto más pensaba en eso, mejor comprendía que aquello no era más que otra variación sobre el tema de la ceguera de Amy ante la realidad de las relaciones. En esencia estaba haciendo lo mismo que con Jonathan; había decidido lo que quería y haría caso omiso de cualquier indicio de que no podía obtenerlo. Sólo que esta vez se jugaba mucho más.

Por desgracia, entendía su locura y la fantasía que se ocultaba tras ella. Si Malcolm y yo hubiéramos tenido una relación sexual, a buen seguro habría pensado como Amy y escondido las píldoras bajo el colchón como siempre hacen los pacientes de los psiquiátricos en las películas.

Pero quería pensar que era distinta de Amy.

Más racional.

Quería pensar que tenía totalmente bajo control mi persona y mi virulento Trastorno de Fantasía de Embarazo.

–¿Sabías que los parapléjicos... o los tetrapléjicos, ya puestos, pueden dejar embarazadas a sus mujeres aun sin poder moverse y hacer el amor? –pregunté a Malcolm aquella misma noche.

Había ido a su casa después de que Amy se fuera. Tras sostener la conversación habitual de tres horas, en esta ocasión sobre la creciente obsesión del mundo con las magdalenas gigantescas, nos acostamos. Eran las dos pasadas.

–¿Dónde has leído eso?

–No me acuerdo –repuse, lo cual no era del todo mentira, pues no recordaba en cuál de los tres millones de libros sobre el embarazo lo había leído.

Malcolm atusó la almohada con el puño.

–Pues no, no lo sabía.

–Es porque todavía tienen, bueno, espasmos involuntarios –expliqué como si me hubiera pedido una explicación.

–¿Espasmos?

Asentí.

–Erecciones –corrigió–. Al pan pan, y al vino vino.

–Vale, erecciones –accedí–. La parálisis afecta los nervios y las extremidades, pero no los músculos del...

–... pene.

Volví a asentir.

–Pero aun cuando no tuvieran esos espasmos involuntarios... –proseguí.

–Erecciones.

–...esas erecciones, los médicos podrían extraerles semen clínicamente e inseminar artificialmente a sus mujeres.

Empezó a poner el despertador, pero se detuvo a media operación.

–¿Alguien de tu trabajo está casado con un parapléjico o tetrapléjico? –preguntó.

–No –repuse con un encogimiento de hombros.

–¿Karen ha decidido de repente diseñar una colección de ropa para personas que van en silla de ruedas?

–No.

–¿Estás pensando en dejar el mundo de la moda para proyectar campañas sobre las lesiones de médula espinal?

–No –resoplé.

–Entonces, ¿por qué me cuentas esto?

¿Acaso no saltaba a la vista?

Si una mujer podía quedar embarazada de un paralítico, entonces yo podía quedar embarazada de un..., bueno, de Malcolm.

Así que tenía totalmente bajo control mi Trastorno de Fantasía de Embarazo.

Ya.

En cuanto Malcolm se durmió, me senté en la cama para pensar.

No era sólo el dinero.

Ni la niñera.

Ni el trabajo.

Ni el donante anónimo de semen.

Ni la cuestión ética del problema psicológico que puede sufrir un niño como consecuencia de ser producto de una inseminación artificial anónima.

Otro obstáculo me impedía avanzar en la fase del «cómo», un obstáculo que nada tenía que ver con cuestiones económicas, razones éticas o la inescrutabilidad de un «padre» sin rostro ni nombre al que aún no alcanzaba a imaginar, si es que ése era el camino que elegía..., si es que elegía algún camino. Dicho obstáculo desafiaba toda solución lógica y toda decisión práctica.

Era la idea de tirar la toalla, de renunciar a la posibilidad, a la esperanza de que aún podía suceder de forma natural, normal; la esperanza de que aún podía enamorarme de alguien que no estuviera casado, paralizado o en la escuela a los treinta y ocho años, alguien deseoso de entablar una relación, capaz de manejarla, alguien a quien no fuera necesario presionar y engatusar a cada paso. En resumidas cuentas, alguien inequívoco.

Ésa era la línea que separaba las reflexiones de la primera fase de las de la segunda y siguientes, y era una línea que no me veía capaz de rebasar.

La idea de renunciar a la posibilidad, de tomar una decisión que, de hecho, eliminaría toda posibilidad de la ecuación, me resultaba abrumadora, como si implicara al mismo tiempo renunciar a un montón de otras cosas en la vida:

El misterio.

La esperanza.

La suerte.

El romanticismo.

El amor.

Era o parecía ser la clase de decisión que toma una persona sin fe, una persona que no cree en las bondades de su futuro. Y si bien nunca había tenido demasiada fe en mí misma, sí tenía un poquito, el mínimo necesario para vacilar en renunciar a ella. Y esa vacilación me colocaba en una encrucijada.

Pero el tiempo se me acababa.

Ya estábamos a finales de enero y no estaba más cerca de la decisión que tres meses antes, cuando empezara a pensar seriamente en el tema.

–Haber si os dejáis de chorradas de una vez, joder –espetó Renee al día siguiente en el trabajo; como siempre, estábamos en la cocina esperando a que subiera el café–. ¿Alguna vez habláis Amy y tú de otra cosa que no sea tener hijos?

–No.

–Pues qué amistad más limitada –sentenció, satisfecha de sí misma–. A diferencia de la nuestra.

–Sí, como que nos pasamos el día hablando de trabajo –repliqué al tiempo que vertía un poco de lavavajillas en mi taza sucia y abría el grifo del agua caliente.

–También hablamos de otras cosas.

–¿Ah, sí? ¿Cómo qué? –la desafié.

–Como... –empezó antes de pararse a pensar–. Como del novio fracasado de Amy, mi absoluta falta de novios y tu novio impohólico.

Era el sobrenombre que le había puesto a Malcolm, una contracción de la versión original, el Impotente Alcohólico, que empleaba a menudo con desdén para dejar bien claro que yo merecía mucho más.

–Es un impo…, un alcohólico reformado –corregí–. Y no es impotente, sino que…

–Está paralizado, ya lo sé. Me lo has contado mil veces, pero sigo sin entender la diferencia.

–Existe una diferencia, créeme.

–¿Por qué iba a creerte?

–Porque te lo pido yo.

Alargué la mano junto a su cabeza para coger una hoja de papel de cocina.

–Como si nuestras conversaciones fueran tan variadas –resoplé.

–Lo son. A veces te grito por obsesionarte tanto con lo de quedarte embarazada, o te grito por obsesionarte con lo de quedarte embarazada y no quedarte embarazada. A ver, si tanto te apetece, ¿por qué no lo has hecho ya, joder?

–Me lo estoy pensando.

–Te lo estás pensando –repitió Renee sin inmutarse–. ¿Y qué es lo que te estás pensando, si puede saberse?

Nos servimos sendas tazas de café, y Renee me siguió a mi despacho. Cerré la puerta, y nos sentamos a ambos lados de la mesa.

–Me lo estoy pensando –insistí.

Y le hablé del plazo de nueve meses.

–¿Y?

–¿Cómo qué y?

–¿Y? ¿Qué has decidido?

–Aún no he decidido nada. De eso se trata precisamente, de investigar y tener tiempo para no tomar una decisión precipitada.

–Pero ¿qué es lo que te tienes que pensar? –gritó–. Sabes que quieres tener un hijo. Sabes que no quieres esperar a los cuarenta.

Pues con todo este peregrinaje de los cojones no vas a hacer más que posponer la cuestión. Conociéndote, seguro que cuando acaben los nueve meses decidirás que necesitas otros nueve meses para decidir, y así sucesivamente, hasta que de repente te des cuenta de que has cumplido los cuarenta y ya no quieres hacerlo o ya no te quedan óvulos viables.

–Mira, si la realidad no existiera, ya habría pasado de la fase de toma de decisiones a la siguiente.

–¿O sea?

–Cómo hacerlo. Cuál de los métodos clínicos antinaturales, científicos y futuristas eligiría.

–Otra razón para deshacerte de ese impohólico. Así podrías quedarte embarazada de una forma más normal, por ejemplo...

–Haciendo el amor.

–Exacto.

–Eso es materia de otra conversación.

–De otras veinte conversaciones.

–Lo que tú digas.

Renee lanzó un bufido.

Se lo devolví al instante.

–Bueno, a mí lo de la realidad no me parece tan complicado –aseguró.

–Claro que es complicado. Está el dinero, la planificación a corto y largo plazo, y un montón de cosas más.

Otra niña de diez años, pensé. Pues que ella y Amy formaran sin mí su asociación de niñas por una vida sin consideraciones ni consecuencias prácticas. Yo era pragmática y pesimista hasta la médula; eso lo había aprendido de mis padres.

–Pero si ganas un montón de dinero.

–Pero necesitaría más, mucho más si tuviera un hijo. Ropa, muebles, un piso más grande, niñera porque tendría que seguir trabajando para pagarlo todo..., por no hablar del coste de la inseminación artificial en sí, si es lo que acabo eligiendo. Hay muchos factores a tener en cuenta.

–Vale, pongamos que lo del dinero se soluciona. ¿Qué más hay?

–La cuestión ética, por supuesto. ¿Es moralmente correcto decidir tener un hijo sola? ¿Es egoísta condenar a un niño a tener un solo progenitor? ¿A no tener padre? Y si recurres al banco de semen, ¿qué le cuentas al niño cuando tenga edad suficiente para querer saber quién es su padre? ¿Cómo justificas el hecho de que el niño nunca llegue a saber quién fue su padre, qué aspecto tenía, cómo hablaba? ¿Cómo justificas la idea de que siempre tendrá ese inmenso vacío, esa pieza ausente en el fondo de su ser? –Hice una pausa para recobrar el aliento–. De momento no se han hecho investigaciones al respecto –proseguí–. Todavía no existe una generación adulta de bebés de banco de semen. A saber qué nuevas clases de trastornos psicológicos aparecen a raíz de ello.

Renee reflexionó un instante antes de desdeñar con un gesto mis preocupaciones.

–Cosas peores le pueden pasar a un niño –declaró.

–¿Ah, sí? ¿Cómo qué? ¿El doctor Spock?

–Padres que maltratan a sus hijos. Padres que pegan a sus hijos. Padres alcohólicos.

–Padres infanticidas –añadí, sarcástica–. Padres tipo barón de Munchhausen. Eso son extremos.

–Vale, entonces padres que se pelean constantemente y hacen desgraciados a sus hijos, como los míos, de forma que luego los hijos no quieren casarse ni tener a su vez hijos porque no quieren que éstos sean tan desgraciados como lo fueron ellos.

–Puede –admití.

Renee aludía con frecuencia a su infancia desgraciada, de la que sólo conocía detalles inconexos; una infancia en el seno de una familia adinerada con un desagradable divorcio cuando contaba doce años. El padre, editor de una revista, vuelve a casarse y se traslada a Princeton, Nueva Jersey, donde rehace su vida teniendo dos hijos más. Renee, su hermano Randy y su madre ama de casa tienen que apretarse el cinturón porque el padre no les pasa la pensión alimenticia y se mudan al centro. «Fin de la historia», zanjaba siempre Renee al llegar a ese punto, por lo que no sabía más.

–O padres ausentes, como Karen –agregó.

Vale.

Cierto.

–Deberían haber cogido a Marissa nada más nacer para meterla en una terapia. Así de mayor ya tendría práctica, con lo increíblemente jodida que va a estar.

Encendió un cigarrillo y tiró la cerilla a mi papelera.

En silencio la observé formar anillos de humo.

–Lo único que digo, Ellen, es que si deseas algo con la suficiente intensidad, lo haces y dejas que lo demás se resuelva solo, porque de lo contrario no harás nada ni tendrás nada –Se levantó y caminó hacia la puerta, pero antes de llegar se volvió hacia mí–. Y entonces sí que te pondré a caldo.

11

Sólo quedaban ochenta y ocho días para la fiesta de Karen.

Ochenta y siete.

Ochenta y seis.

Ochenta y cinco.

Estaba al corriente de la cuenta atrás porque Simon me enviaba un correo electrónico cada día para asegurarse de que me ocupaba de comprar un regalo, el regalo perfecto, antes del uno de mayo.

Ochenta y ocho.
¿Tal vez un poncho
para ocultar lo más rechoncho?

O:

Ochenta y seis
Espera y verás
que sin tiempo te quedarás.

Por fin respondí:

Ochenta y cinco,

Ochenta y cuatro,
Ochenta y tres,
Ochenta y dos,
Ochenta y uno.
No me vuelvas a escribir,
que por matarte me consumo.

Sin embargo, como diría la mismísima Martha Stewart, era «buena cosa» que Simon me diera cada día la paliza con sus correos, ya que de lo contrario tal vez nunca me habría puesto a buscar en serio, aunque a regañadientes, el regalo del siglo.

Después del décimo correo electrónico, pedí a Jennifer que me consiguiera todos los catálogos de tiendas que recibíamos y archivábamos (Tiffany's, Bergdorf Goodman, Saks Quinta Avenida), así como todos los catálogos de venta por correo que lo incluyeran todo, desde sábanas y ropa premamá hasta ropa de bebé, cochecitos, cunas y juguetes. Sin embargo, después de estudiarlos una tarde entera a principios de febrero y no encontrar nada que fuera ni remotamente adecuado para Karen, comprendí que la única persona que sabría qué regalar a Karen era la propia Karen.

O alguien de su fama y poder adquisitivo.

Así pues, pedí a Jennifer que empezara a llamar a los asistentes de nuestras clientes famosas y averiguara qué les habían regalado con motivo del nacimiento de sus hijos. Al cabo de dos días repasamos en mi despacho los resultados de su encuesta telefónica.

Me recliné en mi silla y empecé a mordisquear la punta del bolígrafo.

–¿Qué le regalaron los amigos a Jodie cuando tuvo a Charles? –pregunté tras decidir empezar por los Embarazos de Origen Desconocido.

Jennifer echó un vistazo a su cuaderno. Parecía una Karen en miniatura con su melena color chocolate cortada a lo paje, las prendas combinables negras de KLNY y esa expresión... hambrienta en los ojos. A veces incluso creía verla esconder el trasero cuando cruzaba el despacho, pero sin duda no eran más que imaginaciones mías. Era joven y ambiciosa, y para ella, Karen era la quintaesencia del éxito. Jennifer la idolatraba, quería ser ella y en verdad creía que podía ser ella. Un año antes, al entrevistarla para el empleo, le pregunté cómo se veía al cabo de cinco años (una pregunta estúpida, lo sé, pero no pude resistir la tentación), y me contestó que se veía siendo Karen. Tuve que contener la risa al detectar la egregia seguridad de su tono, reprimir el impulso de inclinarme hacia adelante y espetar que sería afortunada si al cabo de cinco años aún tenía un empleo en el sector, que las personas como Karen no se convertían en lo que eran por accidente o por un golpe de suerte, sino porque poseían una chispa de genialidad que las elevaba al universo y las separaba del común de los mortales. Jennifer carecía de esa chispa, y yo también, como había descubierto tiempo atrás. Cierto es que yo nunca me había visto siendo Karen algún día, pero sí había ansiado desesperadamente ser algo más de lo que era, hacer algo más de lo que estaba haciendo en ese preciso instante, es decir, intentar averiguar qué les habían regalado a las famosas sus amigos igual de famosos con motivo de sus embarazos.

–A Jodie Foster le regalaron... flores y... mucha ropa de bebé –informó Jennifer–. Algunas cosas monísimas, dice su asistente, de Agnes B.

–¿Y Rosie O'Donnell? –pregunté, pasando a las Mujeres Solteras que Adoptan.

–A Rosie... más o menos lo mismo. Sobre todo ropa de bebé.

–¿Y Michele Pfeiffer? –inquirí para seguir en la línea de las madres adoptivas.

–Ropa de bebé. Petit Bateau, Dries Van Noten, Paul Smith. Y también muchos productos para la piel.

–¿Productos para la piel? ¿Para ella?

Pero si ni siquiera había dado a luz, aunque eso no tenía nada que ver con la necesidad de utilizar productos para la piel.

–No, para su hija.

–Pero ¿a qué te refieres? –exclamé confusa–. ¿Fondo, polvos y colorete?

Por fin lanzó una pequeña carcajada, aunque en esos casos, siempre tenía la sensación de que se reía de mí, no comigo, pues sospechaba que me consideraba rara del mismo modo en que Karen me consideraba rara.

–No, cosméticos no. Productos para la piel de Kiehl's, Crabtree & Evelyn, Bulgari...

–¡Venga ya! ¡Bulgari hace hidratantes para bebés?

–Eso dice Diego –repuso al tiempo que echaba un vistazo al cuaderno para asegurarse.

Harta de todo aquello, meneé la cabeza y dije a Jennifer que podía irse, es decir, irse a casa, pues ya eran las siete pasadas. Salvo algunos de los asistentes más atormentados, todo el mundo se había ido a casa, y eso era temprano en el lenguaje de KLNY.

En cuanto Jennifer se fue, contemplé por la ventana el tenebroso cielo invernal. Aquella noche, Malcolm tenía clase y no volvería hasta muy tarde, de modo que apagué las luces de la oficina y me senté al ordenador.

Tenía intención de navegar por Internet en busca de alguna idea brillante para el regalo de Karen, pero al ver que las palabras de búsqueda *Balancín* y *Puff* no arrojan ningún resultado interesante, probé con *Huchas* y *Animales de peluche*, y empecé a descender por la pantalla.

Animales: Veterinaria: Veterinarios y clínicas veterinarias.

*Hospital Veterinario y banco de semen canino de Northwest Valley:

ABC de los servicios y la inseminación artificial canina.

No entendía por qué había tantas referencias veterinarias, pero al volver al inicio vi que había olvidado escribir «de peluche» en los parámetros de búsqueda. Volví a bajar y seguí leyendo:

Salud: Reproducción: Infertilidad

*Banco Internacional de Semen Cryos Ltd.:

Especialidad en suministro mundial de semen de alta calidad.

Salud: Reproducción: Infertilidad:

Clínicas y consultas

*Programa UCSF IVF: Servicios de fertilidad, entre ellos IVF, GIFT, ZIFT, donantes de óvulos, ICSI, crioconservación de embriones y semen, banco de semen e infertilidad masculina (en California).

Los dedos empezaron a escocerme mientras mis manos permanecían suspendidas sobre el teclado, listas para pulsar la fecha hacia abajo cada vez que terminaba de leer una línea. Tragué saliva y parpadeé, asombrada y, para ser sincera, algo horrorizada por lo que acababa de encontrar.

Salud: Culturas y grupos: lesbianas, homosexuales, bisexuales:

*Servicios Médicos de la Bandera del Arcoiris: banco de semen destinado a la comunidad gay y lesbiana.

Salud: Especialistas: Clínicas y consultas: Reproducción.

Banco de semen. Almacenaje a largo plazo de semen y embriones congelados.

Úteros anfitriones.

Congelación de ovarios.

Banco de óvulos.

Ciclos de transferencia de embriones congelados.

Crioconservación.

Separación de semen MicroSort.

En fin, ya sabía que uno podía comprar en Internet, pero jamás habría imaginado ir de compras por el ciberespacio en busca de servicios criogénicos ultramodernos.

Retrocedí unas cuantas pantallas e hice click en *Cryogensis*. Ojeé su menú principal y luego hice click en *Seleccionar un donante de semen*. Una de las opciones decía: *Ver perfil de donante muestra*.

¿Perfil de donante muestra?

Tiempo me faltó para hacer click.

PERFIL DE DONANTE DE SEMEN Nº 1049

DESCRIPCIÓN GENERAL

Nombre:	Christopher
Estado:	California
Edad:	25
Raza:	Blanca
Ascendencia étnica materna:	Alemana
Ascendencia étnica paterna:	Alemana
Estatura:	1,85 m
Peso:	84 kg
Color de cabello:	Castaño y rubio
Textura capilar:	Lisa
Color de ojos:	Verdes
Constitución:	Mediana
Tez:	Clara
Capacidad de bronceado:	Se broncea con facilidad
Mano dominante:	Derecha
Visión:	20/20
Oído:	Normal
Marcas distintivas:	Hoyuelos en mejillas y mentón
Nacionalidad:	EE.UU.
Lengua materna:	Inglés
Religión:	Cristiana
Practicante:	No
Fecha de nacimiento:	Febrero de 1969
Grupo sanguíneo:	0 negativo
Orientación sexual:	Heterosexual
Estado civil:	Soltero
Fumador:	No

¿Textura capilar?
¿Capacidad de bronceado?
¿Mano predominante?
Decidí seguir leyendo.

FORMACIÓN/INTELIGENCIA

Formación:	Licenciatura universitaria
Media calif. secundaria:	Excelente
Media calif. superior:	Notable alto
Licenciatura:	Ciencias Políticas/Ciencias Económicas
Calificación selectividad:	Excelente

Y una porra había sacado excelente en la selectividad. Pero entonces recordé que aquello no era más que un perfil muestra (es decir, inventado).

Seguí leyendo para averiguar cómo se describía a sí mismo.

...seguro de mí mismo... sensible... innovador... creativo... competitivo... respetuoso... divertido... optimista...

¿Optimista? Ese tipo era de un planeta distinto del mío, lo que estaba muy bien.

...Objetivos profesionales: abogado teatral; cineasta.

¿Aquello era un banco de semen o una empresa de contactos?

En cualquier caso, no quería encargar el semen de aquel tío. Quería casarme con él.

Y por fin, la *piece de resistance*:

La foto del donante muestra.

Rubio. Ojos azules. Mandíbula cuadrada. Nariz aquilina.

Vale. Era una empresa de contactos. Y él era el cebo.

Al llegar a la foto del donante muestra me quedé sin saber qué hacer. No tenía ganas de ir a mi casa repleta de lecturas inútiles y obsoletas, y creía que no soportaría ver a Malcolm, porque lo único que querría sería contarle lo que había encontrado en Internet, y a todas luces le sentaría fatal.

Primero llamé al despacho de Renee. No contestó, de modo que corrí por el pasillo hasta su puerta y vi que estaba cerrada. Renee se había marchado a casa. A continuación llamé a Amy y le conté lo que había encontrado.

–¿Sabías que puedes acceder a perfiles de donantes de semen por Internet? No tienes más que entrar un número de tarjeta de crédito y puedes ver toda la base de datos de donantes. Claro que eso todavía no lo he hecho. Pero tenían un perfil de muestra, y los perfiles de donantes llevan foto. ¡Imagínate, foto!

Me levanté de la silla y empecé a pasearme por la oficina con el cable del teléfono cada vez más tenso.

–Claro que no sé si querría hacerlo –proseguí–, pero una cosa que siempre me ha puesto nerviosa de los bancos de semen, entre otras, es no saber qué aspecto tiene el tipo. No podía imaginar tener un hijo, verlo crecer, mirarlo y pensar: *Esa nariz no la ha heredado de mí, y ese pelo tampoco.* Y nunca sabrías de quién es hijo.

Amy guardaba silencio.

–¿Te estoy aburriendo? –le pregunté, sarcástica, pues tenía la sensación de hablar con una pared.

–No, es que estaba distraída.

Me dejé caer de nuevo en la silla.

–Acabo de hacer un hallazgo asombroso en el ciberespacio, justo lo que estábamos buscando, ¿y tú estás distraída? ¿Por qué, si puede saberse? –pregunté tras una pausa.

–Acabo de romper con Will.

Metí algunas cosas en mi bolsa y salí pitando del despacho. Una vez en la calle cogí un taxi y llegué a su casa unos siete minutos después de colgar el teléfono. Me senté en el sofá sudando, sin resuello y con la nariz chorreando mocos por el frío.

–Habla –ordené.

Amy se encogió de hombros como si no acabara de sobrevenir una catástrofe.

–He roto con él, eso es todo.

Desde luego, era una mujer imprevisible. Justo cuando creía que todo estaba bajo control, que no se produciría ningún incidente con el control de natalidad, Amy rompía con su novio.

–Ya lo sé, eso ya lo has dicho. Pero ¿por qué esta noche? ¿Qué ha pasado?

–Ya te había dicho que llevaba tiempo pensando en ello. Hace un rato hemos ido a tomar una copa y me ha dicho que quería tomarse un año sabático, dejar de escribir la tesis e ir a ver a un amigo suyo que vive en Wyoming para pensar en su vida..., y se me han cruzado los cables –Sacudió la cabeza con aire entre asqueado e incrédulo–. Por el amor de Dios, tomarse un año sabático cuando no está haciendo nada. ¡Es increíble!

Desde luego.

Ya había convenido con Malcolm en que la relación de Amy con Will no funcionaría, pero jamás habría imaginado que acabaría de aquel modo, con él buscando más «espacio» y ella reuniendo el valor suficiente para cortar antes de que la cosa degenerara más.

–¿Y cómo te sientes?

–¿Que cómo me siento? –repitió como si no comprendiera el significado de la palabra–. Ahora mismo no siento nada. Estoy entumecida, aplastada y completamente desmoralizada. Que alguien tan ambivalente respecto a ti tenga que alejarse un año para pensar si quiere o no estar contigo, es como... Por el amor de Dios, estoy harta. Creo que por fin estoy harta de verdad... No volveré a hacerlo –sentenció tras un silencio.

–¿El qué?

–Liarme con un tío que tenga tantos problemas para formar una pareja. La próxima vez, si es que hay una próxima vez, cosa que ahora mismo dudo, me obligaré a encontrar a alguien menos complicado. Quizás resulte ser un tío menos interesante y yo esté menos interesada en él, pero a tomar por el culo. Al menos no perderé el tiempo como con Will.

En aquel momento rompió a llorar, y me sentí impotente, sin saber qué podía decir para que se sintiera mejor y sin querer decir nada que la hiciera sentir peor.

–¿Crees que hay alguna posibilidad de que...?

–¿De que cambie? ¿De que me llame mañana, la semana que viene o la otra para decirme que ha sido un imbécil por dejarme marchar y que no puede vivir sin mí y que me suplica que vuelva con él?

Las lágrimas le rodaban por las mejillas, e intentó enjugárselas con las palmas de las manos.

–No. Ojalá fuera así, daría lo que fuese. Pero sé que no cambiará. No está preparado para esto. No sé cuándo lo estará, pero sí sé que falta mucho para eso. Y no puedo esperar tanto.

12

Durante las semanas siguientes a su separación, Amy hizo un gran esfuerzo por no quedarse sentada a esperar a que Will volviera arrastrándose.

Se dedicó a salir con hombres.

–Salir, salir, salir –canturreaba–. Soy una máquina de citas. Citas a ciegas. Citas para comer. Citas para cenar. Copas aquí y allá... De todo.

Desde luego.

Dentistas.

Periodoncistas.

Ortodoncistas.

Podólogos.

Abogados especializados en propiedad inmobiliaria.

Promotores inmobiliarios.

Psicólogos.

Psicofarmacéuticos.

Yo intentaba mostrar entusiasmo y alentar cada una de sus salidas («Sí, estoy de acuerdo, la calvicie es un término relativo»; «Aunque mida dos metros cinco, hay muchas probabilidades de que vuestros hijos no salgan monstruosamente altos»; «Qué va, me encantan los pelirrojos») porque salir era mejor para ella que seguir en una relación que no conducía a ninguna parte. Sin embargo, el mero hecho de escuchar cuánta energía dedicaba a cada una de aquellas citas me dejaba exhausta. Y no podía evitar deprimirme un poco ante su fervor..., su desesperación por conocer a alguien, a quien fuera, antes de que fuese demasiado tarde.

–¿Demasiado tarde para qué? –le preguntaba cuando ya no podía más.

Creía que hacer de abogado del diablo tal vez ahuyentaría el mismo pánico que sentía yo ante la posibilidad de no encontrar pareja. Pero Amy se limitaba a mirarme con una mueca, sabedora de que yo estaba inmersa en la misma contrarreloj.

Había pensando mucho en mi relación con Malcolm desde que imprimiera la información sobre bancos de semen. Saber que quedarse embarazada podía ser tan sencillo me había inquietado y vuelto un poco temeraria. Sabía que tenía que cambiar muchas cosas, pero no quería conformarme. No quería renunciar a alguien a quien amaba en favor de alguien a quien quizás no amaría tanto. O nada.

Lo cierto era que quería pedirle a Malcolm que me ayudara a tener un bebé. Sé que es surrealista a la vista del contexto en que se desarrollaba nuestra relación. Sin embargo, aunque no podía acostarse conmigo, aunque me había dicho con toda claridad que no quería tener más hijos y aunque nunca me lo había dicho..., creía que me amaba. Y yo sabía que lo amaba.

–Claro que deberías pedírselo –aseguró Renee el domingo por la tarde cuando la llamé a casa para saber qué le parecía la idea.

Estábamos a finales de marzo y hacía un día inusualmente caluroso. Había abierto todas las ventanas de mi piso y me había sentado junto a las del salón con el teléfono inalámbrico. Mientras hablábamos apoyé los pies descalzos en el alféizar, cerré los ojos y escuché el sonido de la calle sin la amortiguación habitual del doble vidrio.

Renee y yo casi nunca nos llamábamos a casa, en parte porque nos veíamos cada día durante todo el día, lo que minimizaba la necesidad de sostener conversaciones fuera del trabajo, y en parte, creo yo, porque mucho tiempo atrás habíamos establecido de forma tácita los límites de nuestra amistad. Por muy personales que fueran nuestras charlas en la oficina, y lo eran, no creo que Renee confiara en que nuestra relación pudiera sobrevivir y ser relevante en el mundo exterior.

Pero yo sí. Y como Amy había salido a otra de sus citas y necesitaba que alguien me diera una opinión realista sobre la idea de pedirle a un hombre que fuera el padre de mi hijo, decidí cambiar las reglas del juego.

–¿Estás segura?

–Claro que sí.

–¿Por qué?

–Porque es la persona más lógica y, en estos momentos, la única. Al menos, la última vez que hablamos del tema era el único impohólico de tu vida, ¿me equivoco?

–No, no te equivocas. Tú nunca te equivocas, Renee.

–Bueno, en cualquier caso, es el hombre con el que estás. El hombre que tienes más cerca.

–El hombre del que estoy enamorada...

Renee guardó silencio absoluto durante unos instantes.

–El hombre del que estás enamorada –convino por fin–. Piensa que probablemente se sentiría insultado si no se lo pidieras. Menuda afrenta a la virilidad de un hombre.

No me lo había planteado así, pero no creía que la respuesta de Malcolm dependiera de algo tan banal como un ego ofendido.

–No sé, es que no me veo preguntándoselo. No se me ocurre dónde, cuando y cómo sostener una conversación así con él. ¿A ti qué te parece? ¿Te ves a ti misma teniendo una conversación así con alguien?

–No, pero yo no quiero tener hijos.

–Ya –mascullé mientras observaba a los peatones sortear los coches al cruzar la calle–. Pero pongamos que sí quisieras. ¿Qué dirías y dónde lo dirías?

–Podrías hacerlo en un restaurante. «Oye, Malcolm, me alegro de que hayas pedido el entrecot, porque necesitarás toda la energía posible ahora que vas a empezar a follar conmigo.»

–Por el amor de Dios.

–O podrías pedírselo en la cama. «No, no hace falta que tengamos relaciones sexuales para que me quede embarazada. Hay expertos y clínicas de fertilidad que ayudan a los impohólicos incapaces de…

–Basta.

–Bueno, eres tú la que ha preguntado.

–Pues no debería haberlo hecho.

–¿Qué alternativa te queda?

–Podría habérselo preguntado a Amy.

Y lo haría. Al día siguiente.

–No, me refiero a tu pregunta. ¿Crees que es mejor no pedírselo a Malcolm? ¿No pedírselo y quedarte siempre con la duda porque te da demasiada vergüenza pedírselo?

Pensé en las palabras de Renee con los ojos cerrados. La vergüenza se me antojaba un precio modesto a pagar a cambiar de algo tan importante.

–Bueno, pues…, ¿qué…, dónde…, cómo? –balbucí.

–Creo que se lo tienes que decir lo más directamente posible. Contarle que quieres hacerlo, que es muy importante para ti, y como es tan impotente…, quiero decir, importante, no puedes hacerlo por accidente o con cualquiera o con alguien desconocido, anónimo. Y entonces tienes que asegurarle que no esperas ningún compromiso por su parte, ni emocional ni económico. Que estás totalmente dispuesta a hacerlo sola, todo menos lo de la fertilización. Y que eso es lo único que le pides.

–Qué frío –me quejé. Me parece algo muy fuerte para pedírselo a alguien, sobre todo al hombre con el que sales. Hazme el hijo, que luego no tendremos que volver a vernos nunca más.

–Pero ésa es la cuestión, ¿no? Es un trato, un trato en el que por fin tiene la oportunidad de darte lo que quieres, lo que más deseas en el mundo, y de paso sentirse generoso, magnánimo y desinteresado. A cambio, tú se lo pones lo más fácil posible.

Renee, la eterna pragmática, la cínica. Un trato es un trato es un trato… Ni más, ni menos. Cinismo en su forma más pura; cerrar un trato para generar vida. Pero ¿acaso andaba tan desencaminada?

–Lo dejarías en libertad –continuó–. Lo eximirías de toda obligación. Y por lo que me has contado de que no quiere tener más hijos, puede que sea la única forma de que acceda.

13

–¿Que me dejas en libertad? ¿Que me eximes de toda obligación? ¿Tienes idea de lo que significa lo que acabas de decir? ¿Tienes idea de las implicaciones de tus palabras? ¿De lo que dice acerca de la forma en que me ves el hecho de que pienses siquiera que accedería a semejante cosa?

Malcolm arrojó un billete de veinte dólares sobre el mostrador de la Cedar Tavern y salió como una exhalación. La conversación que había tenido con Renee me había dado valor para sacar el tema, y lo que había comenzado con una simple mención al creer reconocer la ocasión (Malcolm me había hablado de un artículo sobre médicos especializados en fertilidad que un amigo suyo había escrito para la *New York Magazine*) había acabado como una pregunta con todas sus letras. La furia de su reacción sobrepasaba mis más oscuras fantasías.

Cogí el bolso, me levanté y lo seguí con las piernas temblorosas. Nunca lo había visto tan enfadado y no sabía que hacer o decir para apaciguarlo.

Al salir lo vi de pie en la acera; estaba rojo de rabia y tenía los puños apretados.

A todas luces, el tema no estaba zanjado.

–Lo siento –me disculpé–. Siento habértelo pedido. No sabía que reaccionarías así.

Percibí un pánico creciente en mi voz y comprendí que no me había preparado para una escena como aquella.

–No pretendía ofenderte ni insinuar que... Sencillamente había supuesto que tu decisión de no tener más hijos era definitiva y pensé que la única forma de que te avinieras a considerar la posibilidad era no implicarte.

–Pues has pensado mal. Ni siquiera sabes lo que me has pedido, ¿verdad? No comprendes el significado de tu pregunta.

De repente tuve la sensación de que me odiaba.

–Venga, tú eres la experta en marketing con facilidad de palabra. ¿Qué me has pedido exactamente?

–Te he pedido... que me ayudes.

–¿A qué?

–A tener un hijo.

–¿Y qué más? ¿Qué más me has pedido?

Estaba tan alterada que apenas conseguía pensar con claridad.

–Nada, no te he pedido nada más.

–Exacto –espetó con expresión enfurecida–. Piénsalo y luego pregúntate qué relación puede guardar eso con mi reacción.

Dicho aquello giró sobre sus talones y empezó a alejarse.

Me quedé como un pasmarote mientras intentaba asimilar lo que acababa de decirme.

–¡No te he pedido nada más porque no creía que quisieras darme nada más! –le grité.

Se volvió hacia mí.

–Sabía que no querías volver a asumir la responsabilidad emocional que entraña tener hijos, tener una familia –proseguí en voz más baja, intentando escoger mis palabras lo mejor posible–. Por eso he pensado que, de esta forma, no tendrías ninguna responsabilidad. No tendrías que ocuparte del niño ni de mí si no quisieras, y yo lo comprendería.

–Entonces es que no me conoces y, desde luego, no tienes idea de lo que significa tener un hijo.

–¿De qué me hablas?

Percibí la tensión que atenazaba su cuerpo, la intensidad de su enojo. Cuanto más hablaba, más la fastidiaba, pero ya no podía volver atrás. Sabía que habíamos llegado a la línea de demarcación definitiva, y si bien la habíamos alcanzado antes de lo que esperaba, ahí estábamos.

–Si supieras lo que significa tener un hijo, nunca me habrías pedido semejante cosa –masculló–. No podrías habérmelo pedido, porque pedírmelo implica que me consideras capaz de tener un hijo y alejarme de él, lo cual me resulta del todo inconcebible, por no decir moralmente injustificable. Jamás podría hacer una cosa así.

Se metió los puños cerrados en los bolsillos y meneó la cabeza con expresión incrédula.

–Tener un hijo es sagrado, lo más sagrado que se puede hacer en este mundo, y que no lo sepas, que no sepas lo que significa, lo que significa para mí, es..., bueno, es... –Se interrumpió, demasiado alterado para continuar–. No sé. No sé qué hemos estado haciendo estos últimos seis meses.

Se mesó el cabello y cuando por fin se calmó me miró sin desdén por primera vez desde el inicio de la discusión.

Los ojos se me llenaron de lágrimas, que al rodar por mis mejillas me escocieron, como si me hubieran abofeteado.

–Lo siento –musitó–. Siento haberme enfadado tanto.

–Yo también lo siento –repuse al tiempo que me enjugaba las lágrimas sin ceremonia alguna y me secaba la nariz con el dorso de la mano–. Siento habértelo pedido. Ha sido un grave error y lo siento. Lo siento mucho.

Su reacción me había dejado destrozada, pero bajo los escombros percibí el temblor incipiente de mi propia furia. De repente, su rotunda negativa a considerar siquiera algo que yo deseaba me hizo interpretar su comportamiento habitual de un modo distinto. No estaba paralizado, sino que se negaba a abrirse, y esa revelación, fuera o no cierta, algo que en ese momento me importaba bien poco, me llenó de rabia.

–Te habrías negado a cualquier cosa que te hubiera pedido. Siempre te niegas a todo.

Detecté la llegada de un nuevo torrente de lágrimas, de modo que levanté la mirada hcia el cielo, tan negro, claro y despiadadamente profundo, para volver a guardarlas tras los ojos.

–O sea que no me digas que te niegas porque no te he pedido más que un poco de semen –Avancé un paso hacia él y lo señalé con el dedo–. No me digas que si te hubiera pedido que lo hiciéramos juntos, habrías accedido, porque si es así, te lo pido ahora mismo –Lo miré de hito en hito y me obligué a continuar–. Te pido aquí y ahora que por favor hagas esto por mí..., que por favor hagas esto conmigo.

Nos miramos un instante sin pestañear, pero Malcolm acabó por desviar la vista.

–No puedo –murmuró por fin–. Lo siento, pero no puedo.

Todo había terminado. Por completo. Me sentía vacía, hueca e inconcebiblemente serena.

–Podemos hablar más de ello, si quieres –dijo–. Mañana o... cuando sea. Pero creo que por esta noche deberíamos dejarlo.

–No tenemos nada más de que hablar –sentencié.

Malcom me miró con la mandíbula apretada.

–¿Qué quieres decir?

–Que esto no va a ninguna parte. Queremos cosas distintas, completamente distintas. No tiene sentido que nos torturemos de esta manera, ¿no te parece?

–¿Qué quieres de mí, Ellen? –suspiró con aire exhausto.

–Quiero que sientas algo, que quieras algo, que luches por algo, que luches por mí. Pero tú no quieres hacer eso, no me quieres a mí. Cada vez que me ves, cada vez que estamos juntos, te recuerdo todo lo que ya no puedes hacer, o lo que ya no tienes. Lo que has perdido y jamás volverás a tener. No te doy alegría, placer ni felicidad. No te he acercado más a la vida. Puede que incluso haya empeorado las cosas.

–No has empeorado las cosas, sino que las has mejorado. Me has ayudado.

–¿Ah, sí? –exclamé con incredulidad, sintiendo que Malcolm hablaba de otra relación, de dos personas que no éramos nosotros–.

No te he ayudado en nada. Te he decepcionado, y tú a mí. Nos hemos fallado el uno al otro. ¿Cómo puede eso ayudar a nadie?

–Al menos lo hemos intentado.

–Tú no. Quizás no podías o no estabas preparado o no me apreciabas lo suficiente para intentar mejorar. Puede que la próxima vez lo consigas. Puede que cuando conozcas a una mujer que te importe lo suficiente, luches por ella para evitar que te dé por perdido.

Y entonces me fui.

No recuerdo nada del resto de la noche ni, a decir verdad, de la semana siguiente, salvo una profunda tristeza y una sensación de pérdida, pérdida de esperanza, de oportunidades, de lo que nuestra relación podría haber sido y no fue. Comprendí que había esperado demasiado de Malcolm. Quería algo de él que no me podía dar, y lo sabía desde el principio, pero al igual que Amy con Jonathan y luego con Will, me había negado a verlo y aceptarlo.

Había pretendido cambiarlo, arreglarlo, curarlo, abrirlo de golpe como un hueso mal curado que necesitaba recolocarse, y al no conseguirlo, al darme cuenta de que no le importaba lo suficiente para alejarse de su dolor y empezar una nueva vida conmigo, se apoderó de mí una creciente sensación de fracaso y melancolía. Nos habíamos amado, pero tal vez no lo suficiente para darnos mutuamente lo que más deseábamos.

Cuando por fin acepté que Malcolm no formaría parte de mi vida, mis pensamientos se centraron más. Tener o no tener un hijo dependería tan sólo de mí.

14

Se acercaban los dos grandes cumpleaños, el de Lynn el día 3 de abril y el de Nicole, el 5. A fin de poder ir a Maine con la conciencia más o menos limpia y sin preocuparme de que Karen me llamara al móvil para echarme la bronca por algo que no había hecho o que creía que no había hecho, tenía que despachar el montón de trabajo que se apilaba sobre mi mesa.

Acababan de llegar las muestras de la colección de otoño. Todas ellas eran negras, grises («el nuevo negro») y marrón oscuro («el otro nuevo negro»). Numerosas americanas, faldas, pantalones, jerseys, bermudas, calcetines, ropa interior y zapatos ocupaban todas y cada una de las superficies disponibles de mi despacho.

Y yo empezaba a oír la vocecilla susurrándome que no era más que ropa.

–Esto parece un probador de Loehmann's –espetó Renee desde el umbral, ataviada con una de las faldas de Karen, larga, estrecha y de lana marrón oscuro, mejor dicho, *moccachino*–. Vaya porquería.

–Lo dices como si fuera culpa mía.

–Es que es culpa tuya; es tu despacho.

–Bueno, siento no ser tan patológicamente ordenada y organizada como tú.

–Pues deberías serlo.

Renee había estado especialmente amable conmigo desde mi ruptura con Malcolm. No porque se sintiera responsable de la separación, que no se sentía. Sí, lamentaba mi tristeza, pero no que la famosa conversación hubiera tenido lugar. En su opinión me convenía más saber a qué atenerme respecto a Malcolm, y si eso significaba quedarme sola, pues qué se le iba a hacer.

–Al menos ya no estás perdiendo el tiempo –había declarado.

Como de costumbre tenía razón, al menos intelectualmente. Tal vez la soledad y la pérdida no tuvieran sentido lógico, pero eso no hacía que me parecieran sentimientos menos reales.

Miré el reloj, luego el montón de pruebas que el fotógrafo acababa de traer para nuestro material promocional de otoño; eran las once y dos minutos, y Karen nos esperaba.

–Oye, acabemos esto y luego hablamos de...

–De lo guarra que eres.

–Y de lo obsesivo-compulsiva que eres tú.

Cuando llegamos a su despacho, Karen estaba hablando por teléfono. Nos hizo entrar por señas, y nos sentamos en las dos sillas situadas frente a su mesa.

–Ya, y eso fue hace... ¿una hora? ¿Y a cuánto está ahora?

Karen bebió un largo trago de agua y alargó la mano hacia la latita de pastillas de menta que tenía junto al teléfono. Se metió una en la boca, pero la escupió al oír la respuesta. ¿Más o menos treinta y nueve y medio? ¿Cómo que más o menos treinta y nueve y medio? ¿No la ha medido con el termómetro electrónico?

La expresión de Renee indicaba que el último lugar del mundo donde querría estar en aquel momento era el otro extremo de la línea telefónica, recibiendo el rapapolvo de Karen. Yo no podría haber estado más de acuerdo con ella.

–Vamos a ver –espetó Karen–. El termómetro electrónico no es demasiado difícil de usar. Voy a esperar mientras lo va a buscar al botiquín del baño de Arthur y luego le explicaré exactamente qué tiene que hacer. Quiero saber exactamente cuánta fiebre tiene.

Nos miró con aire ausente durante un instante y luego volvió a concentrarse en la niñera para explicarle con todo lujo de detalles qué botón debía pulsar, qué pitido debía escuchar y dónde debía leer la temperatura. Transcurrieron varios segundos, durante los cuales a buen seguro la niñera siguió las instrucciones de Karen, y de repente, nuestra jefa profirió un grito.

–¿Cuarenta y medio? Dios mío. Voy en seguida.

Se levantó de un salto, cogió el abrigo y salió corriendo. Cuando pasó junto a la mesa de Simon sin aflojar el paso, lamenté todas las veces que la había desdeñado como madre. Karen no era la típica madre tierna y nunca lo sería, pero era evidente que a su manera adoraba a su hijita. Cualquiera lo habría comprendido al ver la expresión de absoluto terror que mostraba su rostro en aquellos momentos.

Poco después de las tres de la tarde, Simon apareció en mi puerta con la mano en el pecho.

–¿Sabes lo de Marissa? –preguntó con extremo dramatismo.

Dejé las hojas de diapositivas que había estado revisando.

–No..., quiero decir, sí. Tenía fiebre.

Simon sacó un cigarrillo de la cajetilla granate y oro de Dunhill que siempre llevaba en el bolsillo de la americana, pero las manos le temblaban de tal modo que por fin desistió de encenderlo y lo dejó apagado sobre mi mesa.

–Ha sufrido una crisis febril.

–¿Una qué?

–Una crisis febril. Un ataque causado por una fiebre que sube demasiado deprisa.

–Dios mío.

–Pobre, pobre, pobre Karen. Acaba de llamar. Estaba telefoneando al pediatra cuando han empezado las... las convulsiones. Qué palabra tan espantosa.

–Se le han puesto los ojos en blanco y ha empezado a tener convulsiones. Los brazos y las piernas le temblaban descontrolados, y luego ha empezado a respirar tan superficialmente que Karen creía que se le moriría entre los brazos. ¿Te lo imaginas?

No, no podía imaginármelo.

–El médico ha pedido una ambulancia, que ha llegado al cabo de pocos minutos. Le han bajado la fiebre en seguida con compresas frías y luego la han llevado a urgencias para tenerla en observación, pero por suerte ya están en casa.

–¿Cómo está?

–¿Karen o Marissa?

–Las dos.

Cogió de nuevo el cigarrillo y por fin lo encendió.

–Marissa está perfectamente. He llamado a mi madre, y me ha dicho que es algo bastante corriente; mi madre era enfermera. Y si lo cogen a tiempo, como en este caso, no quedan secuelas.

–¿Te refieres a...?

–Sí.

Daños cerebrales, aunque ninguno de los dos quería pronunciarlo en voz alta.

–¿Y Karen?

–Está hecha polvo –suspiró, inclinándose hacia mí–. Nunca la he oído tan... tan asustada. Por lo general es..., bueno, ya sabes, más insensible a estas cosas.

–Bueno, nunca le había pasado algo así.

–No, claro. Pero me ha hecho anular todas las citas del resto de la semana porque quiere quedarse en casa. Karen nunca ha anulado las citas de una semana, salvo cuando dio a luz, por supuesto –Aplastó el cigarrillo en el cenicero–. Lo que, por cierto, espero que no pase hasta dentro de un tiempo. Un susto como éste no puede ser bueno para una mujer embarazada de siete meses y medio.

El incidente me tuvo alterada el resto del día. La sola idea de que algo así le sucediera a mi Pepinillo me helaba la sangre. Incluso llamé a Lynn para asegurarme de que todo iba bien.

–Qué horror –exclamó Lynn cuando le conté lo de Karen–. No quiero ni pensar en ello.

–Yo tampoco.

–Pero no olvides que los niños son increíblemente fuertes.

–¿Ah, sí?

–Claro que sí. Recuerda lo que te pasó a ti, sin ir más lejos.

–¿Cuándo?

–Cuando se te perforó el apéndice. Podrías haber muerto, pero sobreviviste. ¿Te acuerdas?

Claro que me acordaba. Tenía cuatro años, y la noche que empezó a dolerme la barriga cayó una nevisca impresionante. A la mañana siguiente, cuando mis padres comprendieron que me pasaba algo gordo, a la ambulancia le costó mucho llegar a causa de la nieve. Sin embargo, lo consiguieron, y yo me salvé. Pero pese a que las palabras de Lynn me tranquilizaron durante un rato, no podía evitar sentirme afectada. La vida era tan frágil, tan peligrosa, tan precaria..., sobre todo la de los niños. Me pregunté si sería lo bastante fuerte para afrontar algo así cuando tuviera un hijo propio, una situación en la que la vida y la muerte se daban la mano.

Aquella noche, cuando yacía en la cama incapaz de conciliar el sueño, me pregunté cómo podía Malcolm haber sobrevivido a la muerte de Benjamin. Había pensado a menudo en ello cuando aún estábamos juntos, en cómo había soportado el miedo durante los meses y años que su pequeño había estado enfermo, a caballo entre su casa y el hospital, cómo habría soportado después el dolor de la pérdida..., pero nunca se lo había preguntado. La idea de lo que había pasado y de lo que aguantaba cada día desde entonces me llenó los ojos de lágrimas, y anhelé escuchar su voz. De repente me di cuenta de que nunca le había dicho cuánto sentía lo de Benjamin, y me resultaba inconcebible haberlo conocido durante tanto tiempo sin decírselo. Alargué la mano hacia el teléfono, pero al levantar el auricular comprendí que no sabía qué decir, por dónde empezar. No habíamos hablado desde aquella noche espantosa, y si bien había sentido la necesidad de llamarlo muchísimas veces desde entonces, siempre me había contenido. Una conversación llorosa a altas horas de la noche no cambiaría nada ni nos haría ningún bien. Así pues me levanté, fui a la cómoda y saqué de un cajón el Paco Pico que Nicole me había regalado. Me acosté de nuevo junto a él y por fin me dormí.

Tenía intención de alquilar un coche (al fin y al cabo llevaba regalos: lencería para Lynn, pese a sus protestas, y un caballete con una caja de acuarelas para el Pepinillo) y conducir las cinco horas de rigor hasta la casa de mi hermana el viernes por la tarde, el día antes de su cumpleaños, para volver a la ciudad el lunes por la mañana. Pese a los vestigios del trauma del día anterior y el hecho de que Karen no había ido a la oficina, había hablado con ella varias veces por teléfono, pero estaba tan pendiente de su hija que, milagro de los milagros, no me pidió que cambiara de planes.

Por contra, Simon estaba al borde de un ataque de nervios. Sólo estaría ausente un día y medio, pero cualquiera habría dicho que me iba tres meses de expedición a Alaska.

–Lo sé, lo sé, lo sé –suspiré el día antes de irme, deseosa de librarme de él.

–Sólo te quedan treinta días para comprar el regalo de Karen –gimió al borde del llanto.

–Eso son cuatro semanas... y media. Por el amor de Dios, seguro que fabricaron la bomba en menos tiempo.

Simon mantuvo la mirada clavada en mí como si estuviera a punto de tirarme por la ventana y desaparecer sin comprar el regalo.

–¿Y?

–¿Y? –repliqué.

–¿En qué has pensado? ¿Qué ideas tienes? La fiesta depende única y exclusivamente del regalo, y si no hay regalo... No quiero ni pensar en eso.

–Habrá regalo, Simon, no te preocupes.

Me miró como si acabara de decirle que Papá Noel y el ratoncito Pérez existían y habían aceptado asistir a la fiesta de Karen.

–¿Sí? ¡Maravilloso! ¡Dime qué es!

–Aún no lo he decidido –repuse con la esperanza de hacerle creer que existía una selección limitada aunque fabulosa de artículos.

–Bueno, ¿cuáles son las posibilidades? –insistió, cada vez más emocionado.

–Varias cosas –mentí.

Nada.

Nada.

Y nada.

–Pensaré en ello mientras esté en Maine y tomaré la decisión cuando vuelva.

–Qué ilusión. Me encantan las sorpresas.

Lynn, en cambio, detestaba las sorpresas, sobre todo las fiestas de cumpleaños sorpresa, y más aún el año que cumplía los treinta y ocho y estaba embarazada de casi cinco meses; por ello, ningún detalle acerca de mi visita y la cena que Paul y yo habíamos planeado para ella y Nicole se había guardado en secreto.

El viernes a última hora de la tarde, cuando la llamé desde una área de descanso en Connecticut, me contó que el Pepinillo estaba que se salía de emoción, aunque Lynn no sabía a ciencia cierta si comprendía que también era su cumpleaños (Lynn) y no sólo el de ella (Nicole).

–Lo único que le importa es que vas a venir y que comeremos pastel. Pastel de «cumpaños».

–No me digas que lo vas a hacer tú. Las chicas que tienen «cumpaños» no deben preparar su propio pastel de «cumpaños».

–No, no, Paul lo ha encargado en Petula's –explicó Lynn–. Ésa será tu tarea de mañana después de recoger los gobos.

–¿Gobos?

–Globos. Aparte de la visita de tía LaLa, eso es lo más emocionante de cumplir cuatro años.

A la mañana siguiente desperté al oír el sonido de una respiración pesada sobre mi rostro. Abrí los ojos, y ahí estaba el Pepinillo, mirándome fijamente.

–Tía LaLa –dijo.

–Huuuum –murmuré antes de volver a cerrar los ojos.

–¡Tía LaLa!

Volví a abrir los ojos.

–¿Sabes qué, tía LaLa?

–¿Qué

–¡Vamos a comer pastel de cumpaños!

–¡Ya lo sé! –repuse con una sonrisa adormilada.

–¿Y sabes qué más?

–¿Qué?

–¡Vamos a tener goboooos!

–¡Ya lo sé!

Me cubrió la boca con sus manitas y lanzó una risita.

–¿Y sabes por qué?

–¿Por qué? –farfullé por debajo de sus dedos.

–Porque es mi cumpaños.

–¡Exacto!

–¿Y sabes qué más?

–¿Qué?

–También es el cumpaños de mami-mami.

–¡Exacto!

¡Lo sabía!

–¿Y sabes qué más? –le pregunté.

–¿Qué?

–También es mi cumpaños –mentí, guiñándole el ojo.

–¡Nooo! –chilló con otra risita.

–¡Que sí!

–¡Que no!

–¡Que sí!

En aquel momento, Lynn apareció en el umbral, y Nicole corrió hacia ella para que la cogiera en brazos. El Pepinillo agarró la nariz de su madre, echó la cabeza hacia atrás y lanzó una carcajada tan contagiosa que no pudimos por menos que corearla.

–No es tu cumpaños, tía LaLa, es el de mami-mami y el mío.

–Venga, vosotras dos –dijo Lynn antes de dejar a Nicole en el suelo y darle un cachete de mentirijillas en el trasero–. Papá os espera para ir a la pastelería a buscar al pastel de cumpaños.

Después del desayuno, el Pepinillo debió de repetir eso mismo al menos mil veces en los pocos minutos que Paul tardó en acomodarla en la silla de seguridad del viejo Volvo familiar, por no hablar del trayecto a las tiendas.

Primero pasamos por la tienda de artículos de fiesta para recoger los globos (recuento de repetición de la palabra gobo antes de la recogida de los mismos: 312). Luego dimos la vuelta y paramos delante de la pastelería (recuento de repetición de la palabra pastel de cumpaños antes de la recogida del mismo: 688). Aparcamos el coche, nos desembarazamos de todos los cinturones de seguridad y entramos en la tienda.

En la pastelería hacía calor, y el escaparate estaba empañado. Me acerqué al mostrador y me puse a la cola mientras Paul y Nicole exploraban el establecimiento. La cola era larga, y al ver que no había avanzado un ápice en los siguientes diez minutos, empecé a ponerme nerviosa..., como buena psicópata tensa y reprimida de Nueva York que venía a pasar el fin de semana al pueblo. Nicole señalaba frenética unas galletas de jengibre al final de la vitrina y no parecía estar de mejor humor que yo.

Transcurrieron bastantes minutos más antes de que me llegara el turno, y entonces me dijeron que aún no habían guardado el pastel en su caja. Molesta, me aparté un poco para esperar, y al poco se reunieron conmigo mi sobrina y su ligeramente agobiado padre.

–Tía LaLa, tengo pis.

–¿De verdad?

Miré distraída a mi alrededor en busca de un lavabo, pero no vi nada.

–Vale, dentro de un momento.

–Pero es que tengo mucho mucho pis, tía LaLa.

–Vale, cariño. Papá y tía LaLa van a mirar el pastel un momento y luego buscamos un lavabo, ¿de acuerdo?

Antes de que me contestara, la dependienta volvió con una caja de cartón rosa que dejó sobre el mostrador y abrió para que echáramos un vistazo. Contenía un sofisticado pastel con cobertura de azucar escarchado, rosa sobre blanco con una inscripción en el centro.

Me quedé mirando la obra.

–«Feliz cumpleaños Nicole y Mamo» –decía en ornamentada caligrafía rosada.

¿Quién narices era Mamo?

Me volví hacia Paul, que también inspeccionaba el dulce con detenimiento.

–¿Quién es Mamo? –pregunté.

–¡Serás ignorante! ¿Nunca has oído hablar de Mamo, la diosa celta de la fertilidad?

Por un microsegundo me lo tragué.

–¿En serio?

–No –reconoció con aire perplejo–. La verdad es que no tengo ni idea.

–¿Qué texto habíais encargado?

–Feliz cumpleaños mami-mami. Ya sabes, así la llama Nicole.

Asomamos la cabeza sobre la tapa de la caja y miramos a la dependienta.

–¿Quieren que lo arreglemos? –propuso–. Es fácil, sólo tardaremos unos minutos.

Nicole me tiró de la manga, luego tiró de la de su padre. Habíamos estado demasiado absortos en el desastre de la tarta para prestarle atención, y de repente oímos el tintineo de un chorrito de agua. Por fin aparté la mirada del pastel y vi a Nicole gimoteando entre nosotros.

–¡Oh, no!

Tenía las mallas empapadas, y además me di cuenta de que con las prisas habíamos olvidado ponerle braguitas impermeables aquella mañana.

–¡Es culpa de tía LaLa! ¡Había olvidado que tenías pis!

Me arrodillé en el suelo y la abracé mientras Paul cogía un montón de servilletas del mostrador y secaba el suelo. Al cabo de unos instantes me incorporé y la cogí de la manita.

–Vámonos –dije a Paul mientras introducía las pestañas de la caja en sus ranuras y se la ponía debajo del brazo como si fuera un niño pequeño–. El Pepinillo necesita a su Mamo.

Aquella noche, después de que Lynn, Paul y yo nos acabáramos el salmón a la plancha con arroz y ensalada, y después de que Nicole diera cuenta de sus delicias de pollo, ella y yo fuimos a la cocina, clavamos las velas en el pastel y lo llevamos al comedor. Lynn se acuclilló junto a Nicole, y las dos cerraron los ojos.

–Por favor, que sólo engorde doce kilos en este embarazo, que mi cerebro infantilizado vuelva a la normalidad, que encuentre pantalones de chándal que me hagan parecer delgada y se puedan comprar en negro.

Soplaron las velas. Nicole cantó «Fedí cumpaños», su versión del viejo clásico, y después de que explicáramos el error tipográfico de la tarta a Lynn y nos riéramos un buen rato a su costa, me quedé mirando el pastel.

Mamo.

Aquella palabra me fascinaba.

Seguí mirándola y la repetí para mis adentros varias veces con la esperanza de poder llegar a expresar por qué me interesaba tanto.

Mamo.

Mamo.

Mamo.

Poseía una vaga cualidad de superhéroe, como si Mamo fuera un personaje de cómic, una serie de dibujos animados que dieran los sábados o una película protagonizada por el nuevo Christopher Reeves.

¡Mamo!

Volví a mirarla y de repente visualicé a una mujer semifofa embutida en un mono de lycra azul demasiado ceñido.

Botas rojas.

Una capa ondeando al viento.

Una gran «M» estampada sobre el pecho.

¡Mamo!

Volaba de casa a la guardería, al trabajo, al supermercado y de vuelta a casa, pero no era un pájaro.

Ni un avión.

Ni una Superwoman.

Ni una Wonderwoman.

No era una mujer sin estrías ni grasa postparto ni cerebro infantilizado.

¡Era Mamo!

¡Una mujer más lenta que una bala!

¡Menos poderosa que una locomotora!

¡Incapaz de saltar de un edificio y resultar ilesa!

Una mujer que se sabía incapaz de estar en todas partes, hacerlo todo y llevar otra cosa que no fueran pantalones de chándal.

Una mujer como Karen, que tenía una hija y una niñera, o como Lynn, que pronto tendría dos hijos y ninguna niñera, o como yo, que quizás algún día tendría un bebé de banco de semen sin «madido» ni Paco Pico. Una mujer fuerte, orgullosa, fiera, resuelta, maternal, feminista, exhausta y falta de sueño. Una mujer que aún no había recuperado la figura y, a decir verdad, no le importaba.

¡Surcaba el cielo, pero no era un pájaro! ¡Ni un avión!

¡Era Karen!

¡Era Lynn!

¡Era yo!

¡Era Mamo!

Aparecí en la oficina el martes por la mañana tras haber vuelto a la ciudad el lunes por la noche, y aunque estaba agotada por el viaje, sentía como si me hubieran quitado un peso enorme de encima.

Por fin había resuelto el tema del regalo de Karen.

Ahora sólo me quedaba explicárselo a Renee y conseguir que me ayudara.

–Dios mío –suspiró mientras ordenaba una pila de esbozos de trajes que yacía sobre su mesa de dibujo–. Simon estará tan aliviado que seguro que se mea en tu despacho. Deberías haberlo visto ayer. Incluso llamó a Gail para ponerte verde porque estás descuidando tus obligaciones –Salió de la cocina y se encaminó hacia su despacho–. Bueno, ¿qué cara ha puesto cuando se lo has dicho?

–¿Simon? La verdad es que todavía no se lo he dicho –confesé–. No quiero que lo sepa aún.

–¿Por qué no?

–Porque no es algo que se compre en una tienda. Es un poco conceptual y, por tanto, difícil de describir.

Se golpeó la palma de la mano con un paquete de Marlboro cerrado y por fin arrancó el plástico.

–¿Qué es?

–Bueno, aún no es nada. Se tiene que hacer.

–¿A medida?

–Sí, más o menos.

Renee estaba perdiendo la paciencia a marchas forzadas.

–Bueno, ¿me lo dices o qué? No tengo todo el día.

–Vale.

Planté los dos pies en el suelo con firmeza y formé un marco con las manos, como esos productores horteras de Hollywood cuando se disponen a exponer el concepto de una película.

–¡Mamo! –exclamé.

–¿Cómo dices? –se asombró Renee.

Repetí el gesto.

–¡Mamo!

Renee me miró como si hubiera perdido el juicio.

–No sé de qué me hablas.

Comprendí que tendría que empezar desde cero.

–¿Sabes esas mujeres que son madres y viven atormentadas por todo? Les encanta ser madres, estar en casa con sus hijos, cocinar, hacer pasteles, jugar con plastilina y mirar vídeos de *Barney* con ellos, pero al mismo tiempo se sienten culpables porque les gusta todo eso. Como si creyeran tener la obligación de dejar de ser unas fracasadas, volver al trabajo y recuperar la línea para estar como estaban antes de tener hijos?

–Sí, ¿y?

–Y luego están las que vuelven a trabajar y también se sienten culpables por eso, porque creen que deberían estar en casa con sus hijos, cocinar, hacer pasteles, jugar con plastilina y mirar vídeos de *Barney* con ellos en lugar quedarse en el despacho hasta las siete, trabajando como posesas y temerosas de que las despidan.

–Repito: Sí, ¿y?

–Ergo, Mamo.

Silencio sepulcral.

–¿Y dónde se te ha ocurrido la idea?

–En Maine.

–En Maine, ¿eh? ¿Cuál es el ave oficial del estado, el Secatraseros de Cola Blanca?

–¿Tan mal te parece? –mascullé, aunque no quería oír su respuesta.

–No lo sé; sigue.

–Mamo es el orgullo, la convicción, la fuerza, la seguridad en una misma, seas mujer casada con hijos o soltera con hijos.

Renee se cruzó de brazos y pasó el peso del cuerpo al otro pie. Estaba intrigada, aunque fingía indiferencia.

–Mamo no es sólo una madre, es... –Alcé los hombros y extendí los brazos, exasperada ante mi falta de elocuencia–. Es... ¡Mamo!

Por fin, Renee asintió.

–Vale, me parece interesante, pero ¿qué tiene que ver con el regalo de Karen?

–Es el regalo. Mamo hecha collar, con letras en plata, una cadena fina..., una especie de gargantilla –Me señalé las clavículas para indicar dónde descansaría la joya–. Mamo, la palabra, el collar, la idea... El Poder Materno, ni más ni menos.

Callé de nuevo en aras del efecto dramático.

–¿Entiendes? Mamo, el Poder Materno, para Karen, para una mujer que lo encarna aun a su pesar.

Renee encendió un cigarillo y reflexionó unos segundos.

–Un poco rebuscado –sentenció por fin.

–¿Crees que lo captará?

–Karen es la reina de lo rebuscado –me recordó Renee con una ceja enarcada.

–Pero ¿qué te parece? –quise saber.

–¿Que qué me parece a mí? Que eres más rara que un perro verde.

Parecía mi madre.

–Ya sé que me consideras rara, pero ¿qué te parece la idea del collar?

–Me parece que quieres el collar para ti misma porque quieres ser una Mamo.

Me eché a reír.

–¿Me equivoco? –preguntó.

–No, no te equivocas –admití con otra carcajada–. Tú nunca te equivocas, Renee.

–Claro que no.

Me rodeó los hombros con el brazo y me condujo hasta la puerta.

–Y ahora lárgate para que pueda pensar en tu dichoso collar y puedas acabar llevándolo y fingiendo que tienes un hijo.

Renee accedió a diseñar un prototipo de collar, un esbozo con especificaciones de material, tamaño de letra, dimensiones y longitud de la cadena, para poder llevarlo a un diseñador de joyas. Aquel día, cada vez que me veía se quejaba de lo ocupada que estaba y de que tenía mucho más trabajo que yo, lo cual no era cierto. Pero a la mañana siguiente pasó por mi oficina con su enorme carpeta de cuero negro y me dijo que la acompañara a su despacho.

–Eh, Mamo –dijo con las gafas de sol aún puestas y sin apenas aflojar el paso al pasar por mi despacho–. Ven un momento.

Me levanté de un salto, corrí a su despacho con mi taza de café y cerré la puerta.

–Es un poco chapucero –se disculpó por encima de mi hombro mientras yo examinaba el boceto.

Pese a su bocaza y su jactancia, Renee era una perfeccionista insegura y deseosa de que todo lo que diseñaba quedara perfecto al primer intento, lo cual solía suceder.

Me alejé un poco de la mesa.

–¿Te importa apartar el pelo? No veo nada –pedí antes de retroceder un poco más para apreciar mejor el dibujo que había colocado sobre la mesa.

Ver la palabra «Mamo» por primera vez desde el incidente de la pastelería me emocionó.

Renee encendió un cigarrillo y empezó a pasearse por el despacho a la espera de mi reacción.

–¡Es genial! –exclamé por fin–. ¡Impresionante! ¡Tal como lo había imaginado!

–Pero mejor –puntualizó con una sonrisa de alivio antes de volver a la mesa y ajustar la lámpara de flexo sobre ella–. Me gusta mucho este tipo de letra; es pulcro, sencillo, básico... Como la palabra misma y la persona a la que describe.

–Exacto.

–He utilizado sólo minúsculas tipo máquina de escribir porque me parecen muy reveladoras. Refuerzan la idea de que Mamo es una mujer profesional, pero no son ostentosas.

–Exacto –repetí sin dejar de mirar la palabra en su nuevo tipo de letra:

mamo

Me gustaba.

–En cuanto a los materiales –señaló Renee con los ojos entornados para evitar que el humo del cigarrillo le entrara en ellos–. Puesto que es para Karen, la mujer que lo tiene todo y detesta cualquier cosa no diseñada por ella, los materiales tienen que ser lo mejor de lo mejor.

–O sea, nada de plata de ley.

Meneó la cabeza.

–¿Qué me dices de oro de dieciocho quilates?

–No –repuso con los labios fruncidos.

–¿De veinticuatro quilates?

No.

–¿Oro blanco?

No.

–¿Qué queda?

–Platino.

–¿Platino? ¿Cuánto costará?

–Una fortuna –replicó Renee mientras cerraba la carpeta y apagaba el cigarrillo–. Pero no te preocupes demasiado todavía. Tengo una amiga que es diseñadora de joyas en el Soho y tiene una amiga en el barrio de las joyerías..., y a las dos les encanta la ropa de Karen. A ver si les interesa hacer un trueque.

–Ya, un poco de platino a cambio de cinco trajes.

–De quinientos trajes.

Al día siguiente por la tarde, Renee me dijo que había enviado los bocetos de mamo a su amiga del centro, que empezaría diseñar el collar de inmediato. Tanto ella como su amiga tratante de platino habían accedido a trabajar con nosotras por un trueque: servicios y materiales a cambio de ropa.

Renee había acordado con Annete un lote de trajes Karen Lipps Etiqueta Verde y una amplia gama de otros productos KLNY, tales como zapatos, jerseys, gafas de sol y abrigos. Del resto me tendría que ocupar yo, me advirtió.

–Echa mano de tu presupuesto de promoción –sugirió–. O haz que Simon eche mano de su prespuesto de bolsillo. Karen le hace gastar unos veinticinco mil dólares al día en agua mineral, así que lo más probable es que ni se dé cuenta.

Me dijo que veríamos el collar al cabo de unas dos semanas, luego tendríamos unos días para proponer cambios, y la diseñadora tardaría una semana más en acabarlo.

–O sea que a menos que se muera o lo pase algo horrible entre ahora y entonces, tendrás tu dichoso collar el 25 de abril.

Lo cual, según los cálculos hiperprecisos de Simon, nos dejaría tan sólo cinco días para envolverlo.

15

Una toma aérea de la sofisticada coreografía automovilística necesaria para transportar a doscientas mujeres importantísimas desde Nueva York hasta la punta sur de Long Island un domingo de mayo dejaría la Operación *Tormenta del Desierto* a la altura del betún.

El día de la fiesta de Karen, numerosos coches negros alquilados, limusinas y automóviles con chófer y lunas ahumadas empezarían a recoger a sus clientes a las diez en distintas direcciones exclusivas y con frecuencia celosamente guardadas de la ciudad, sobre todo en la Quinta Avenida, Madison, Park, Central Park West y Central Park South, aunque algunas también en el Soho y dos en Tribeca. Los minibares y asientos posteriores iban equipados con los surtidos exigidos de agua mineral, refrescos light, fruta, periódicos y revistas, por no hablar de almohadas lumbares y alguna que otra manta. Mientras los lujosos vehículos se dispersaban por la ciudad para luego confluir en el puente Triborough de camino a Long Island, sus ocupantes mohinos y exigentes no cesarían de quejarse en los asientos posteriores de la falta de aire o su exceso, porque todo neoyorquino que se precie detesta salir de la ciudad, a menos que sea para ir a los Hamptons y aún…

Incluso Karen, la invitada de honor que ya estaba de ocho meses y medio, por tanto enorme, odiaba la idea. No sólo le habría convenido más trabajar aquel domingo por la tarde, pues todavía estaba compensando los días que se había tomado libres con motivo de la enfermedad de Marissa, sino que además detestaba las sorpresas. Sabía que sus empleados tenían un regalo para ella, pero no sabía de qué se trataba, y eso la estaba volviendo loca.

–Hola, soy yo. ¿Te he despertado?

–Karen.

Miré el reloj. ¡Las siete y media de la mañana!

A decir verdad, yo estaba levantada desde las cinco y media, intentando anudar el lazo de organza rojo Lipps en torno al estuche del collar como hacen los profesionales, pero a las seis había desistido y llamado a Simon, quien me había dado instrucciones paso a paso sobre el proceso de corte, anudado y lazado como si de una operación de by-pass se tratara.

–Mira –prosiguió sin esperar respuesta ni disculparse por llamar tan temprano; a fin de cuentas, nos conocíamos desde hacía demasiado tiempo para andarnos con formalidades–. ¿Qué me vais a regalar? Sé que tú eres la encargada del regalo.

–Es una sorpresa.

–Odio las sorpresas, ya lo sabes. Llevo toda la semana intentando sonsacárselo a Simon, pero no hay forma.

Me cruzó por la mente una imagen de Simon cautivo en una de las sillas blancas del despacho de Karen durante horas y horas, pero sin soltar prenda.

–Bueno, ya sabes que se le da muy bien guardar secretos.

Sobre todo cuando desconoce el secreto.

–Y una mierda. Es el tipo más chismoso de la profesión. ¿Cómo crees que la prensa se entera siempre de dónde como y qué como?

¡Así que Simon era la filtración!

–Bueno, ¿qué es? –insistió con creciente impaciencia–. Mira, Ellen. Sólo quiero saber qué es antes de abrirlo. Puede que no lo sepas, pero a veces me cuesta disimular cuando algo no me gusta.

–Lo comprendo, de verdad –le aseguré, comprensiva–, pero

no me parece bien decírtelo. La verdad es que no le he contado a nadie lo que es, ni siquiera a Simon.

Sólo Renee lo había visto el viernes a última hora, cuando el collar acabado llegó por fin.

–Simon se decepcionaría mucho si te lo dijera, por no hablar de los demás.

–Pero ¿por qué tanto secreto?

–No te lo puedo decir.

–Dame una pista. ¿Arthur está en el ajo?

–No.

–¿Y Gail?

–No.

–¿Es algo para la habitación del bebé? ¿Muebles, ropa de cama, otro de esos malditos móviles en blanco y negro para colgar encima de la cuna?

–No.

–¿Algo para llevar?

–Más o menos.

–Ellen, por favor –resopló, y comprendí que estaba exasperada y me quedaba poco margen de maniobra–. ¿Qué quiere decir más o menos?

–De acuerdo, es algo para llevar.

–¿Ropa?

Resistí la tentación de repetir lo de «más o menos» y decidí pasar a la mentira descarada.

–Sí, es ropa. Ropa de bebé.

–Por fin. Bueno, ¿cuándo sales para el campo?

El campo. Sólo en Manhattan se consideraba que los Hamptons eran el campo.

–Hacia las nueve. Primero pasaré a buscar a Renee; queremos llegar temprano para ayudar en lo que haga falta.

–Gail no necesita ayuda. Casi todos los empleados de Martha llevan en su casa desde ayer. La llamaré para decirle que no irás temprano, que llegaremos hacia mediodía. Mi coche vendrá a recogerme a las nueve y media. Dile a Renee que vaya a tu casa a las diez menos cuarto; os recogeré a las dos para que podamos ir juntas.

Aún estaba inmersa en preparativos de última hora cuando el portero llamó para anunciar la llegada de Renee. Bajé al vestíbulo, pero al llegar me di cuenta de que me había dejado el regalo, de modo que volví a subir.

A todas luces molesta por tener que dedicar un domingo a una actividad relacionada con el trabajo y porque íbamos vestidas de forma casi idéntica, con pantalones pitillo y chaquetas de KLNY, me ordenó que me cambiara de ropa.

–Ni hablar –repliqué.

–¿Por qué no? Parecemos dos dependientas de Bendel's –espetó con profundo desdén.

Renee odiaba Bendels porque consideraba que sus tiendas y su ropa eran agresivamente monas, y porque no vendían ropa masculina. El hecho de que Karen hubiera diseñado para ellos siempre le había tocado la moral.

–Porque no hay tiempo. Además, ¿qué quieres que me ponga? Lo único que tengo son distintas versiones de esto –aseguré al tiempo que me tiraba de la chaqueta con expresión frustrada–. No creas que por subir a cambiarme se me va a materializar algo rosa o verde en el armario. Lo único que podría hacer es encontrar algo en un matiz diferente de negro.

Renee revolvió el bolso en busca de un cigarrillo y masculló una palabrota entre dientes al ver que no le quedaban.

–Vale, pues pareceremos gilipollas, ya que insistes. Voy al quiosco a comprar tabaco.

Se alejó con paso ofendido y volvió al cabo de dos minutos con un cigarrillo encendido. Cuando el coche de Karen se detuvo ante mi bloque, Renee se puso las gafas de sol y me apartó de la portezuela delantera.

–Tú vas detrás con ella –ordenó.

Dos horas y media y unos mil dólares en llamadas por el móvil más tarde llegamos a nuestro destino, Easthampton, en concreto la gran mansión victoriana blanca de Gail, que parecía haberse convertido en las últimas veinticuatro horas en algo sacado de..., bueno, de un libro de Martha Stewart.

Enfilamos el largo sendero de grava, y mientras los neumáticos hacían crujir los guijarros, las tres permanecimos sentadas en silencio tras las lunas ahumadas y las gafas de sol mientras contemplábamos la escena. Había gente del mundo de la moda que conocíamos de otras casas de diseño, revistas y tiendas, así como celebridades con su séquito de coche y chófer, y camareros que iban saliendo de la casa con bandejitas redondas de espigadas copas de champán.

–Tengo que hacer pis –mascculló Karen, removiéndose inquieta junto a mí, aunque sin dejar de observar el desfile de famosas.

Tampoco yo podía apartar la mirada de ellas. Estaban Barbara Walters, Nora Ephron, Lynda Obst, Cindy Crawford, Carly Simon, Katie Couric, Anna Wintour, Donna Karan, Vera Wang, Esther Dyson, Tina Brown, Kim Basinger, Winona Ryder, Gwyneth Paltrow, Liz Smith, Brooke Astor, Jane Pauley, Anna Deavere Smith, Maria Shriver, Binky Urban, Esther Newburg, Kathy Robbins, Lynn Nesbit, Helen Gurley Brown, Gail Sheehy, Katherine Graham, Joni Evans, Erica Jong, Donna Shalala, Rosie O'Donnell y Susan Sarandon..., por mencionar tan sólo a treinta y una de ellas.

Y eso que el coche todavía no se había detenido del todo.

Y eso que no había contado a Arlene Shiffler.

El conductor recorrió el sendero semicircular hasta llegar delante de la casa y paró junto a la escalinata de piedra que ascendía hasta el gran porche. Las tres nos apeamos bajo el intenso sol, y cuando Karen se irguió, Renee y yo la flanqueamos como el servicio secreto flanquea al presidente. En el rostro de Karen se dibujó una expresión de gratitud un instante antes de que se diera la vuelta y se encaminara al ojo del huracán.

En menos tiempo del que los átomos tardan en colisionar y liberar su energía, se organizó un épico y espeluznante espectáculo de besamejillas y lameculos mientras Karen se abría paso hacia la casa. Aun después de casi quince años en la profesión, no me había acostumbrado a tan descarada hipocresía. Cada uno de los presentes odiaba al menos a otro (si no a diez). Más de un enemigo de Karen había recibido invitación, y no sólo habían acudido, sino que habían llegado armados de abrazos, besos y regalos envueltos con suprema extravagancia.

Renee y yo nos zafamos del choque de cuerpos, carnes y fragancias en conflicto para subir al porche lo antes posible, Renee en busca de la bebida más fuerte que hubiera («¿Champán? Por favor, lo que necesito es una vodka.»), yo, por supuesto, en busca de Simon.

Había flores por doquier, bordeando el caminito que conducía a la casa, colgadas sobre las puertas en guirnaldas y rebosando de las jardineras. La puerta principal estaba abierta, y por ella vi más flores, entre ellas un enorme centro en medio del vestíbulo. Gail se había apostado en el umbral para recibir sola a los invitados, y estaba muy ocupada saludándolos o, mejor dicho, presentándose a ellos porque no conocía a casi ninguno. Cuando la saludé con un beso tuvo la suficiente presencia de ánimo pese al caos que la rodeaba para señalar el trasero de Karen y susurrarme al oído que por supuesto estaba disimulado contra una de las columnas del porche.

–Claro, no iba a dejar de hacerlo precisamente hoy –comentó antes de presentarse a Cindy Adams.

Por fin localicé a Simon sentado sobre el mullido brazo de una butaca acolchada en el salón y hablando animadamente con Arlene Schiffler. Casi todos los invitados seguían en el jardín, pero algunos amigos suburbanos de Gail, que a todas luces se sentían fuera de lugar, charlaban en voz baja en los rincones de la estancia. Simon me dedicó una sonrisa beatífica cuando me acerqué.

–Aquí está –anunció–. La Diosa del Regalo.

Me cogió la mano y se la llevó a la boca, pero la retiré a toda prisa.

–Por lo visto, el regalo que ha escogido es tan fabuloso que ni siquiera ha querido revelármelo a mí, y eso que todo el mundo sabe lo bien que se me da guardar secretos.

Sonreí para mis adentros al ver que Simon se volvía hacia Karen como un misil con sistema de detección de calor. Seguí su mirada y la vi de pie junto a la escalera, desechando con un gesto una bandeja de aperitivos que le presentaba un camarero. Instintivamente, Simon se acarició el leve contorno del móvil que llevaba en el bolsillo de la pechera, pensando en que tan sólo le hacía falta marcar un número para revelar sus observaciones al columnista que él quisiera.

–En cierto modo siento como si esta fiesta fuera un poco mía también –comentó Arlene–; salgo de cuentas dentro de doce semanas.

Hacía al menos dos años que no la veía, desde luego no desde que empezara a escribir su columna, algo de lo que me alegraba, e intenté disimular el disgusto que me causaba encontrarme con ella en la fiesta. Pese a estar embarazada de seis meses tenía un aspecto asombroso, tan alta, en forma, nada hinchada y con todos los cabellos color miel en su sitio. Me entraron ganas de abofetearla, pero en lugar de ceder al impulso señalé su barriga abultada bajo la americana y decidí torturarla.

–¡Estás enorme! –exclamé.

–¡No es verdad!

–¡Que sí! –Me volví hacia Simon, que seguía concentrado en Karen–. ¿A que está enorme?

–Desde luego –convino.

–Sólo he engordado siete kilos y medio.

–¡Siete kilos y medio! ¡Uau! Es curioso que una pueda engordar tanto cuando el feto no pesa más que un kilo o algo así.

–Mi médico dice que siete kilos y medio es poquísimo.

–Claro, no es él quien carga con ellos. Además, seguro que no quiere que te preocupes.

–¿Que me preocupe por qué?

–Por la idea de no volver a perderlos nunca.

–No estoy preocupada –aseguró.

Mentirosa.

–Mejor para ti.

–Bueno, ya sé que suena increíblemente narcisista, pero nada más dar a luz me voy a un balneario. Me parece crucial que las mujeres recuperen la línea lo antes posible después de tener un hijo.

Asentí, pues lo había leído en su columna: *Cuarto mes.*

–Lo que no puede decirse de Karen –espetó, estirando el cuello para verla–. Está como una auténtica foca.

Tal vez fue porque me caía fatal o por el susto que Karen se había llevado con Marissa, pero en cualquier sentí el impulso de defender a mi insoportable jefa.

–Las futuras mamos tienen que engordar porque comen por dos, porque comen para dar vida a otra persona; eso es lo que significa estar embarazada.

Antes de que me diera cuenta del lapsus que acababa de cometer, Arlene se atragantó con un cubito de hielo y empezó a toser con tal violencia que por un momento pensé que perdería el cerclaje (*Quinto mes*). Pero Simon le palmeó la espalda hasta que se recobró; una vez calmada sacó un cuaderno y empezó a garabatear.

–Casi se me olvida –suspiró mientras miraba a su alrededor en busca de «material» para su columna–. Soy periodista además de futura madre.

Y además de gilipollas, me sentí tentada de decir antes de alejarme para buscar a Renee.

Cuando por fin la encontré al fondo del salón, estaba flirteando con un camarero que al parecer era homosexual, porque Renee me masculló al oído la palabra «maricón» cuando llegué a su lado.

–¿Podemos irnos ya? Odio estas fiestas –me susurró tan fuerte como pudo.

–Ya lo sé.

–Pero no odio a los bebés, que conste.

–También lo sé.

–¿Cómo lo sabes?

–Lo sé porque en el fondo, detrás de toda la fachada, eres una blandengue de mucho cuidado.

Y era cierto, sobre todo cuando iba borracha.

–No te pases, que no soy tan buena.

–Sí lo eres, mal que te pese.

–Lo que pasa es que nunca he querido tener hijos. A lo mejor habría querido si alguna de mis relaciones hubiera funcionado, pero no ha sido así.

–Algún día tendrás una relación que funcione –auguré.

–Ni hablar, es demasiado tarde y soy demasiado vieja.

–Ni es demasiado tarde ni eres demasiado vieja.

Me echó un brazo sobre los hombros con tal fuerza que aterrizó sobre mí con un golpe sordo.

–¿Tú crees?

–Estoy segura.

–Puede que te vuelvas a juntar con tu impohólico y tengas un hijo con él, o puede que encuentres a alguien mejor con quien procrear.

Había transcurrido un mes sin que Malcolm y yo habláramos por teléfono siquiera, por lo que la reconciliación se me antojaba harto improbable, por no decir imposible. Incluso me había obligado a desactivar el servicio de identificación de llamada para aprender a dejar de pensar en la posibilidad de que me llamara. Y en cuanto a encontrar a alguien mejor..., bueno, eso me parecía igual de improbable puesto que trabajaba en un sector de predominio femenino y homosexual.

–Puede –suspiré.

–Ahora que ya nos hemos hecho todas las confidencias habidas y por haber, ¿podemos irnos de una vez?

–Claro que no –repuse, y como ambas éramos miembros muy visibles del equipo de Karen, nos resignamos a quedarnos y sufrir.

La primera hora interminable tocaba a su fin, lo cual era un alivio, porque la comida proporcionaría una distracción mucho mayor que el aperitivo. El inmenso comedor de Gail había sido transformado en un gran bufé con bandejas de plata repletas de jamones, pavos asados y salmones escalfados, fuentes de piedra con ensaladas y guarniciones, cestas de mimbre con distintas clases de pan, bollos y toda suerte de productos horneados. El tintineo de la vajilla y la cubertería, así como las exclamaciones elogiosas acerca del bufé (a pesar de que la mayoría de aquellas mujeres nunca comía nada) llenaba el aire, un estruendo tal que diez cazas despegando del comedor habrían pasado inadvertidos.

Después de que los invitados picotearan la comida, los camareros se llevaran los platos y otros camareros sirvieran café y pastas de las que todo el mundo hizo caso omiso, llegó el momento que Simon llevaba esperando desde enero. Vi a Karen a pocos metros de mí, sentada en un sillón como un Buda, y luego a Gail abriéndose paso entre el gentío para susurrarle algo al oído, a buen seguro que había llegado el momento de los regalos. Gail empezó a correr la voz entre los que se hallaban más cerca de ella, y al cabo de pocos minutos se formó un semicírculo en torno a Karen. Los empleados empezaron a traer los regalos y apilarlos a sus pies.

Lo que significaba que me tocaba encontrar a Simon.

Lo encontré en la cocina, agitando los brazos y apartándose el cabello de la frente con ademanes tan frenéticos que parecía un pollo histérico. No sabía qué le ocurría, pero estaba claro que teníamos un problema.

–Me acabo de enterar de que Celine no viene, así que no hay nadie que cante y además... –se detuvo como si ahora viniera lo peor– hemos olvidado algo. Algo increíblemente importante.

Señalé el bolso de lona KLNY que llevaba colgado del hombro como un tercer brazo.

–Pero ¿por qué estás tan nervioso? Está aquí dentro –intenté tranquilizarlo.

–¿De verdad? ¿Has traído una tarjeta?

–¿Qué tarjeta? Me refiero al regalo. El regalo por el que llevas cinco meses torturándome.

Se llevó las manos a las sienes y las presionó unos instantes.

–Ellen, no tenemos tarjeta.

–Pero bueno, pequeño, ¿a quién le importa la tarjeta cuando tenemos esto?

Saqué el estuche del bolso y se lo puse delante de las narices. La mirada se le iluminó al instante.

–Tienes razón. El regalo es lo más importante –asintió.

Alargó los dedos como tentáculos de pulpo, pero aparté el estuche en el último momento y me lo llevé al pecho con ademán protector. Quise añadir algo, pero antes de que pudiera seguir atormentándolo, oímos el inconfundible tintineo de un cubierto contra una copa de cristal, seguido del anuncio oficial:

–¡Los regalos!

Al llegar al quincuagésimo regalo, incluso a Karen le costaba fingir entusiasmo.

Caja exquisitamente envuelta tras caja exquisitamente envuelta pasaba de Gail a Simon y de Simon a Karen para que ésta la abriera y sostuviera en alto el maravilloso presente que contenía. Y cada vez que lo hacía, un coro griego de aaahs y ooohs recorría la fascinada muchedumbre.

¡Oooh!

¡Peto tejano unisex y jersey de cuello alto blanco de Oshkosh B'Gosh!

¡Aaah!

¡Colcha alfabética tejida a mano de Barney!

¡Oooh!

¡Otra colcha alfabética tejida a mano de Barney!

¡Aaah!

¡Más chorraditas minúsculas y absurdamente caras de Petit Bateau, Bulgari, Kiehls y Tiffany's!

Una vez abiertos todos los regalos, Simon nos hizo una seña a mí, Renee, Annette, a la que no había visto en toda la mañana, así como al resto de los empleados de Karen. Había llegado el momento de agolparnos en torno a la jefa para hacerle entrega de nuestra propia cajita exquisitamente envuelta y esperar sin aliento mientras la abría y decía…

Nada.

Nada en absoluto.

Hizo una mueca.

Movió los labios en un intento de pronunciar la palabra, pero desistió en seguida.

–¡Es un collar! –exclamó por fin, recorriendo con la mirada a su personal en busca de ayuda mientras se obligaba a seguir sonriendo–. ¡Un collar con una palabra colgada!

Un amortiguado coro de ooohs y aaahs flotó por el salón.

¡Un collar!

¡Con una palabra colgada!

Sentí náuseas. ¿Cómo podía haberme arriesgado a sufrir semejante humillación pública al pensar en un regalo tan ridículo?

Simon me lanzó una mirada furiosa y me propinó un codazo para que dijera algo. Durante unos segundos intenté ordenar mis pensamientos con la esperanza de recibir alguna señal de apoyo moral por parte de Renee, pero por una vez se había quedado sin habla.

Me volví hacia Karen; tenía una mano extendida, con el collar colgado de ella, y la otra apoyada sobre la barriga con gesto protector. Por un instante parecía haber olvidado dónde estaba, a sus amigos, clientes, empleados y hermana, el esfuerzo por mostrarse cortés al ver nuestro indescriptible regalo. Y de repente comprendí que nunca sabes lo que piensa o siente una persona, por muy lista que te creas. Ahí sentada, con los labios curvados en una leve sonrisa, Karen ofrecía un aspecto sorprendentemente sereno, y alentada por su actitud le quité el collar y lo sostuve en alto para que todo el mundo lo viera.

–¡El collar dice... «mamo»! –anuncié con gran dramatismo.

Nadie se movió.

Nadie habló.

El salón entero había enmudecido.

Empecé a sudar mientras el pánico se apoderaba de mí y me daba cuenta de que más me valía hacer el gesto de marras y explicar lo del Poder Materno lo antes posible para luego poner pies en polvorosa.

Y así lo hice. Al acabar le devolví el collar y me dispuse a alejarme, pero Karen me asió la mano. La miré muy nerviosa y me quedé de piedra al ver que su rostro se iluminaba con una amplia sonrisa.

–Es la palabra más fantástica que he oído en mi vida –declaró.

–¿Te gusta? –pregunté, atónita.

–¿Que si me gusta? Me encanta.

Oí que Simon y Renee suspiraban de alivio, pero antes de que tuviéramos ocasión de darnos palmaditas en la espalda por el éxito obtenido y el fracaso evitado, la muchedumbre se dividió y en medio de ella apareció, como Moisés, una mujer.

Era Demi Moore.

Se acercó a Karen y tocó el collar, contemplándolo con el respeto y la reverencia que las celebridades suelen reservar para sí mismas.

–¿De qué está hecho? –preguntó.

Karen me instó a contestar con un codazo.

–Platino –farfullé.

Era la primera vez que veía a Demi Moore, la Madre de todas las Madres según *Vanity Fair*, en persona, y la verdad es que era la mujer más hermosa que había visto en mi vida.

–¿Y la cadena?

–Hilo de seda retorcido a mano –repuse, intentando desesperadamente recordar lo que Renee me había contado sin que yo le prestara atención alguna–. Hecho en Perú.

–Quiero uno.

Karen me dio otro codazo.

–Vale –accedí como en una nube.

–¿Dónde lo has comprado?

–Bueno…, es que…, lo encargué.

–O sea que es tuyo.

Asentí.

–O sea que si te lo pido, puedes encargar uno para mí.

Volví a asentir.

–¿Me das una tarjeta?

Saqué una del bolso y se la alargué.

–Mi asistente se pondrá en contacto contigo.

Se inclinó, besó a Karen en la mejilla y se mezcló de nuevo entre los invitados.

Al cabo de unos segundos, las mujeres que rodeaban a Demi Moore formaron un grupo de apoyo, hablando emocionadas de sus hijos, las estrías, el aumento de peso, el sexo después de un parto vaginal, el poder materno, la necesidad de adquirir una convicción maternal feminista, el orgullo y...

mamo mamo mamo

Al poco, el gentío volvió a dividirse para dejar paso a Renee, que empujaba sobre un carrito de servicio una tarta con la palabra mamo escrita en azúcar plateado. Karen pugnó por levantarse del sillón entre resoplidos, y cuando por fin lo consiguió oímos un extraño chapoteo.

Y a renglón seguido un grito estridente:

–¡Acabo de romper aguas!

Los presentes la vitorearon y aplaudieron impulsivamente. Gail corrió junto a ella y la ayudó a llegar hasta el cuarto de baño mientras Simon, que había estado sentado en el brazo del sillón, se ponía verde, luego blanco y por fin transparente. Hacía tan mala cara que temí que se desplomara en cualquier momento.

Puesto que también yo era proclive a los desmayos, acudí en su ayuda. En aquel momento vi a Arlene Schiffler, que se había pasado la tarde escribiendo como una loca, robando comentarios y citas. Sostenía en alto una grabadora para agarrar la estela del cometa mamo y de vez en cuando se la llevaba a la boca para ¡informar de todo lo que había sucedido tal como había sucedido!

Simon me lanzó una mirada vidriosa, volvió a clavar la vista en el suelo y atravesó de nuevo las fases verde, blanca y transparente.

–Verás lo que cuenta la prensa de mañana –musitó total y absolutamente asqueado al tiempo que señalaba el charquito de líquido amniótico que empezaba a empapar la alfombra antigua–. Te aseguro que no será nada bueno.

16

Karen dio a luz unas horas después, en concreto a las siete menos tres minutos de la tarde, y el bebé pesó algo más de cinco kilos. Gail llamó a una ambulancia poco después de que Karen rompiera aguas, y juntas se dirigieron al hospital Mount Sinai, en Manhattan, donde las esperaba el ginecólogo de Karen. Gail anunció que llamaría a Arthur por el móvil y me pidió que me ocupara del éxodo masivo de invitados y camareros. Simon, Annette y Renee se quedaron conmigo, y entre los cuatro dimos las gracias y nos despedimos de los rezagados, supervisamos el trabajo de los empleados de cocina, que envolvieron la comida sobrante para donarla, según las instrucciones de Karen, a dos albergues de indigentes de la isla, y ordenamos los regalos que seguían esparcidos por todo el suelo del salón, confeccionando una lista de obsequios y las personas que los habían traído para que Simon pudiera ponerse a escribir notas de agradecimiento al día siguiente.

Acabamos pasadas las cinco. Pedimos dos coches para volver a la ciudad, uno para Annette, que quería ir directamente a su casa en Queens, y otro para que los demás pudiéramos ir al hospital. Cuando llegamos a la maternidad eran poco más de las ocho, y Gail nos dio la noticia. El parto (vaginal) había sido rápido y fácil;

madre e hijo se encontraban perfectamente; el orgulloso padre y la hermanita mayor estaban tomando algo en la cafetería.

Cogí el teléfono, llamé a algunos amigos de Gail y a Annette para pedirles que prosiguieran la cadena telefónica, y tomé algunas notas para el comunicado de prensa que nuestra empresa de relaciones públicas redactaría y empezaría a enviar por fax a la mañana siguiente. Hora exacta del nacimiento, peso del bebé y su nombre completo: Eli Daniel Klein.

Hacia las nueve, Gail volvió a salir para anunciarnos que Karen y el bebé estaban demasiado exhaustos para recibir visitas.

–Ha sido un día muy largo –se disculpó.

Renee y yo quedamos aliviadas, pues el día también había sido largo para nosotras, pero Simon puso mala cara.

–Pero..., pero tengo que ver al bebé –gimió, ansioso, como sabía yo, por recabar detalles que revelar a sus columnistas.

–Mañana –dijo Gail–. El bebé seguirá aquí mañana.

–Sí, pero mañana será demasiado tarde.

–No para el *New York Observer* –señalé, asiéndolo por el codo y empujándolo hacia el ascensor–. No sale hasta el martes.

–No me extraña que estuviera tan enorme. No le han hecho cesárea, ¿verdad? –exclamó Amy con expresión atónita cuando le hablé del bebé de Karen.

Hacía tiempo que habíamos quedado para cenar el lunes después de la fiesta de Karen, y si bien no nos habíamos visto mucho durante el mes que había pasado ocupadísima con el collar, habíamos hablado a menudo por teléfono. Cuando nos sentamos en nuestro reservado favorito de L'Acajou, se moría por escuchar hasta el último detalle de la entrega de mamo.

–No, ¿te imaginas?

–No, y no quiero.

Así pues, dejé de lado el tema del parto y le hablé del periplo del collar de principio a fin. Sin embargo, cuando le describí la reacción sorprendentemente buena de Karen y que Demi Moore quería encargar uno, adoptó de inmediato actitud de abogada.

–No puedes permitir que nadie compita con mamo –sentenció con firmeza.

–¿Como quién? ¿Los inventores de la mamografía?

–Lo digo en serio. Si proteges la palabra, nadie más podrá usarla. Claro que las infracciones de copyright y marcas registradas no son mi especialidad, pero tendrías que hablar con uno de los abogados de mi bufete.

–Bueno, puede, pero no creo que haga falta.

–Yo no estaría tan segura. Con Demi Moore llevando el collar, podrías tropezar con más de un problema y, en tal caso, más vale prevenir que curar, sobre todo si pretendes empezar un negocio creando joyería mamo en tus horas libres.

–¿Qué horas libres?

En efecto, la asistente de Demi Moore me llamó unos días después de la fiesta de Karen para hacer el pedido y me contó, confidencialmente, por supuesto, que Demi estaba considerando la posibilidad de volver a posar desnuda para la portada de *Vanity Fair*.

–Demi cree que llevar sólo el collar mamo sería fantástico –reveló en aquel tono reverente y carente de ironía que sólo emplean los asistentes de los famosos–. Está buscando la forma de promocionar el hecho de ser madre en lugar de sólo estar embarazada desde que ella y Bruce se separaron.

Demi quería un collar para ella, en platino, por supuesto, y con un diamante en la o de mamo, y otros cuatro para cuatro amigas íntimas que por lo visto necesitaban «desesperadamente apoyo moral para transformarse de mamás en mamos».

Pero cuando me preguntó cuánto costarían y si quería que me diera el número de la tarjeta de crédito por teléfono, me acometió el pánico, le dije que ya la llamaría y corrí al despacho de Renee.

–¿Qué voy a hacer con este pedido millonario de collares de platino y diamantes? –gemí, sujetando aún el pedazo de papel donde había garabateado toda la información.

Renee, que estaba al teléfono, esperando que le pasaran con alguien, colgó de inmediato.

–¿Cuántos ha encargado?

–Cinco –repuse antes de ponerla en antecedentes.

Renee me escuchaba con los ojos abiertos de par en par.

–Lo primero que haremos será llamar a la diseñadora que hizo el de Karen para decirle que se ponga a hacer cinco más. Por supuesto, esta vez tendremos que pagarlos... con dinero.

–Hablando de dinero –la interrumpí–. ¿Cuánto le cobramos por ellos? ¿Mil cada uno? ¿Dos mil?

Me miró como si fuera imbécil.

–Sólo la cadena ya vale casi eso.

–Bueno, pues ¿cuánto?

Reflexionó unos instantes.

–Haré unas cuantas llamadas, pero calculo que alrededor de quince.

–¿Quince mil dólares? En total, querrás decir.

Me puse a hacer una división mental. Quince entre cinco..., quiero decir, cinco entre quince da... Pero antes de que pudiera resolver el problema, Renee siguió hablando.

–Quince mil cada uno –corrigió–. O doce mil quinientos cada uno y quince mil por el del diamante. Ya veremos.

–¿Estás de guasa?

–Si le cobras menos no los querrá.

Era cierto.

–Te vas a forrar con esto, ya verás.

Y ella también, puesto que me había ayudado a diseñarlo.

Al cabo de unos días, el collar fue mencionado en un artículo que *WWD* publicó sobre la fiesta de Karen, la lista de invitados trufada de estrellas, el susto cuando rompió aguas y el nacimiento de Eli Daniel unas horas más tarde. También narraba la entusiasta reacción de Demi Moore ante el collar y la idea que lo inspiraba, así como el frenesí feminista que trajo consigo.

A la semana siguiente volvió a aparecer en *W*.

Luego en *The Intelligencer.*

Luego en *Page Six*.

Luego en la columna de Liz Smith.

Luego en la columna de Cindy Adams.

Y a medida que se multiplicaban las menciones en periódicos y revistas, también se multiplicaban los pedidos.

Una o dos veces al día, Jennifer me pasaba la llamada de otra famosa que quería saber más cosas de mamo, alguien que había asistido a la fiesta o alguien que no había asistido a la fiesta pero había oído hablar del collar a alguien que sí había asistido. O quizás lo habían leído en algún periódico o revista. Las llamadas se sucedían, las mujeres encargaban dos, a veces tres collares a la vez para ellas mismas, sus hermanas, sus madres o sus mejores amigas. Tras varias semanas de correr al despacho con mis pedacitos de papel temí que nos viéramos obligadas a cambiar la moqueta entre ambas oficinas.

Dos semanas más tarde, Jennifer me anunció otra de aquellas llamadas.

–Es Jay Tipparini III, de Tiffany's.

–No conozco a ningún Jay Tipparini, ¿y tú?

–No, pero dice que llama por lo de mamo.

Rodé hasta el teléfono con mi silla giratoria y descolgué.

–Buenos días, soy Jay Tipparini III, vicepresidente de marketing y desarrollo de Tiffany & Company –se presentó como si recitara todo el contenido de su tarjeta de visita.

–Ellen Franck, directora de marketing de Karen Lipps Nueva York –lo imité como un loro.

–¿Me equivoco al suponer que es usted la creadora de mamo?

–No, no se equivoca.

Cocreadora junto con un anónimo pastelero disléxico de Maine.

–Nos gustaría comentar con usted algunas ideas que hemos tenido en relación con dicho mamo. Cuando a usted le vaya bien, por supuesto.

–Ahora mismo me va muy bien.

–Magnífico –dicho antes de carraspear–. Tiffany & Company ha quedado sumamente impresionada con lo que ha leído las últimas semanas, tanto en revistas como periódicos. Tenemos entendido que el interés ha ido creciendo desde que la señora Willis le encargara varios collares, y que otras mujeres famosas le han pedido numerosas piezas. Asimismo, parece ser que la señora Moore tiene intención de posar de nuevo para la portada de *Vanity Fair* llevando el collar..., sólo el collar, y consideramos posible que ello inspire a otras mujeres a seguir esta tendencia.

–¿En serio? –exclamé, si bien me sorprendía que Tiffany's estuviera al corriente e interesada en las nuevas tendencias.

–En fin, somos conscientes de que, al igual que el resto del comercio detallista, hemos entrado en un nuevo milenio, y como se trata de un hecho inexorable, tenemos intención de..., ¿Cómo expresarlo? Adoptar una actitud más contemporánea para así atraer a una clientela más joven. Por todo ello nos gustaría hablar con usted para llegar a un acuerdo.

–¿Qué clase de acuerdo? –farfullé mientras parpadeaba con fuerza.

–Bueno, me parece más conveniente reservar los pormenores para una reunión en nuestras oficinas, pero le adelantaré que... –hizo una pausa antes de continuar– nos gustaría considerar la posibilidad de que firme un contrato en exclusiva con Tiffany & Company para crear y comercializar una línea completa de piezas mamo, al igual que las colecciones de Paloma Picasso y Elsa Peretti se producen y venden únicamente a través de Tiffany's.

–Ajá, ajá –iba mascullando yo, como si lo viera allanar físicamente el camino de mi futuro económico.

De repente, en cuestión de segundos, comprendí lo que podía significar un acuerdo como aquel:

Podría permitirme el lujo de tener un hijo.

Podría dejar de trabajar un tiempo para criarlo.

Sentí que el estómago se me encogía de emoción y pánico, pero me obligué a seguir prestando atención al generoso hombrecillo del teléfono.

–Tal vez lo más sencillo sería que le hiciese llegar una propuesta por escrito –sugirió por fin.

–Sí, me resultaría muy útil.

–¿Quiere que se la envíe a usted o prefiere que se la haga llegar a sus abogados.

–A mis... mi abogada –pedí, pensando que sonaba rarísimo–. Amy Jacobs.

Lo primero que hice después de mi toma de contacto con Tiffany's fue contárselo a Renee, por supuesto.

Luego llamé a Lynn.

Y a mis padres.

Y por último a Amy.

–¿Recuerdas lo que me dijiste de proteger el nombre de mamo por si se me ocurría empezar un pequeño negocio en mis horas libres?

Acto seguido le referí la increíble conversación que acababa de mantener con Jay Tipparini.

Al día siguiente nos reunimos en su despacho a la hora de comer para repasar los primeros datos que ella y un compañero de trabajo suyo habían recabado. El más importante era que no habían encontrado ninguna marca ni patente registrada a nombre de mamo. Por lo visto era una noticia fabulosa en el mundo del copyright y la propiedad intelectual, pues significaba que podíamos inscribir sin problema alguno mamo como marca registrada. Amy me dijo que se ocuparía del papeleo en los próximos días para que pudiéramos pasar a la siguiente fase del proyecto.

Entretanto llegó la propuesta de Tiffany's, y otro compañero de Amy, Ward Coakley, la revisó. A la semana siguiente, los tres nos personamos en la sala de juntas imperial de climatología controlada que Jay Tipparini ocupaba en las alturas siderales sobre la Quinta Avenida. Se hicieron las presentaciones, todo el mundo tomó asiento, se distribuyeron copias de la propuesta y se llenaron de agua los vasos de cristal tallado. El resto de la conversación transcurrió en una jerga legal ininteligible que Amy intentó traducirme más tarde en el Oak Room del Plaza después de que nos despidiéramos de Ward.

Yo conservaría los derechos de la palabra «mamo» y el diseño, me explicó, mientras que Tiffany's produciría y vendería la joyería. La propuesta inicial consistiría en vender el collar mamo en distintos tamaños y materiales, tales como plata de ley, oro de catorce, dieciocho y veintidós quilates, oro blanco y el platino original. Asimismo podría encargarse la inclusión de piedras preciosas como diamantes, rubíes, zafiros y esmeraldas. Más adelante, la serie mamo se complementaría con un anillo, un brazalate, pendientes con toda probabilidad de pinza, y artículos de escritorio, es decir, pluma, bolígrafo y rotulador.

–¿Y nada de aros para la nariz y el ombligo? –exclamé.

–Ya veremos –repuso Amy con una carcajada–. Démosle un año.

–Ahora en serio. ¿Qué significa todo esto? –pregunté.

–¿A qué te refieres?

–A cuánto tiempo podré dejar de trabajar si el acuerdo sale adelante.

Amy se quitó las gafas y apartó de sí los papeles. Me puse nerviosa y sentí la necesidad de aclarar la pregunta.

–¿Cuánto tiempo podré dejar de trabajar si decido...?

–¿Tener un hijo?

Casi estábamos en julio, y el día de la decisión se acercaba a marchas forzadas.

–Veamos –dijo al tiempo que en su rostro empezaba a dibujarse una sonrisa radiante–. Si el acuerdo sale adelante... o mejor dicho, cuando el acuerdo salga adelante, lo más probable es que no tengas que volver a trabajar. Como diseñadora, tu amiga Renee obtendrá una parte de los royalties y casi seguro que también podrá dejar de trabajar para siempre.

–Ella nunca dejaría de trabajar –aseguré–. Por mucho dinero que tuviera, nunca dejaría de trabajar, porque es lo que más le gusta en el mundo.

Nos miramos extasiadas y brindamos por mi magnífica suerte.

–Bueno, últimamente estás muy callada –señalé por fin para cambiar de tema.

–¿A qué te refieres?

–A todo. Lo de salir con hombres, lo del bebé… Estos últimos dos meses han sido tal locura con la fiesta de Karen, el regalo y todo el asunto del collar que no estoy muy al corriente de tus coordenadas.

Amy tomó un sorbo de vino y se removió inquieta en el butacón de cuero. Con el aire acondicionado casi hacía frío, pero en comparación con el calor bochornoso del exterior, resultaba un alivio. Amy sacó una chaquetita negra del bolso y se la echó sobre los hombros.

–Mis coordenadas –repitió–. Buena pregunta, porque son bastante distintas que antes.

Esperé a que continuara.

–He conocido a alguien.

–¿En serio? –exclamé con una ceja enarcada.

–Un hombre que es bueno conmigo y me conviene.

–¿Que es bueno contigo y que te conviene? Ése es un concepto nuevo para nosotras.

–Lo sé. Pensamiento positivo en su forma pura.

–¿Cuánto hace que sales con él?

–Un par de semanas al menos, puede que un mes.

Volví a enarcar la ceja.

–Quería contártelo, pero no por teléfono.

–Bueno, pues cuenta –exigí ansiosa, fingiendo que no me importaba haber permanecido en la inopia tanto tiempo–. ¿Quién es?

–Se llama Barry. Barry Weller.

–Weller –repetí–. ¿Qué clase de nombre es ése? –inquirí con una mirada suspicaz, la que mis padres se lanzaban cuando sospechaban que alguien se había canviado el nombre judío por otro más sencillo.

–Se lo ha cambiado. Antes se llamaba Weinstein, creo, pero su padre lo desemitizó.

–¿A qué se dedica?

–Es abogado especialista en inmobiliarias, como yo.

–¿Y cómo os conocisteis?

–En una cita a ciegas.

–¿Qué dices?

–En serio. Después de trescientos fracasos estrepitosos, por fin he tenido suerte.

–¿Y es…?

–¿Guapo? No, no mucho.

–¿Inteligente?

–Mucho.

–¿Y os lleváis bien?

Amy asintió y guardó silencio unos instantes, como si hubiera sostenido aquella conversación cien veces consigo misma y se le diera muy bien responder a sus preguntas más peliagudas.

–No es la persona más emocionante del mundo –explicó por fin–, pero es muy amable, me adora, quiere casarse y tener hijos. Y bueno, eso es, ya sabes…, lo que yo quiero.

–¿Quieres decir que vas a casarte con él?

No podía creer que Amy hubiera conocido a alguien tan importante y yo acabara de enterarme.

Se encogió de hombros.

–¿Estás enamorada de él?

–Aún no lo sé, pero él sí está enamorado de mí. Y supongo que dentro de unos seis meses, si estoy aunque sea remotamente interesada en él, que supongo que lo estaré, empezará a hablar del futuro.

Me entraron ganas de decirle que se estaba conformando con poco, de preguntarle por qué se planteaba conformarse con alguien que no la apasionaba cuando aún era relativamente joven. Pero por lo visto sabía lo que se hacía; a todas luces había reflexionado mucho sobre su vida en los meses siguientes a su ruptura con Will. ¿Quién era yo para decirle qué era conformarse con poco y qué no?

–Te he decepcionado –sentenció.

–No, no, qué va.

–Crees que me estoy conformado con poco.

Me había puesto entre la espada y la pared, y ambas lo sabíamos.

–Es probable –prosiguió, evitándome mayores explicaciones, lo que supuso un gran alivio.

Durante los ocho meses transcurridos desde nuestro reencuentro, Amy y yo habíamos avanzado mucho. Estábamos atravesando nuestros túneles emocionales, ella en primer lugar y yo a su zaga, y al cabo de poco tiempo nos veríamos sometidas a duros juicios. Lo último que necesitábamos era juzgarnos con dureza la una a la otra.

–Quiero que seas feliz –dije por fin–. Y si Barry Weinstein, Weller o cómo se llame ahora puede ofrecerte la clase de vida que te haga feliz, estaré encantada.

Me miró con escepticismo.

–En serio.

Y así sería al cabo de una, dos o tres semanas, cuando hubiera tenido tiempo de asimilarlo. Por el momento me concentré en las ramificaciones prácticas de su noticia.

–¿Esto significa lo que creo que significa? –pregunté.

Me miró algo avergonzada y asintió.

–¿Nada de dos embarazos por el precio de uno en el banco de semen, ¿eh?

–Lo siento –se disculpó.

–Yo también.

Y era cierto.

–O sea que estoy sola ante el peligro, totalmente sola. Sin novio, sin mejor amiga... Solos yo, mis libros sobre el embarazo, mis perfiles de donante muestra y un mes para tomar la gran decisión. Qué panorama más triste, ¿no te parece?

–¿Y si no logras tomar una decisión hasta entonces?

–No creo que sea el caso, pero si pasa, me concederé más tiempo. Algunas semanas, algunos meses, un año si es necesario... Lo que sea con tal de estar del todo segura.

Amy apuró su copa.

–¿Has sabido algo de...?

–¿Malcolm? No, nada.

Hacía casi tres meses.

–Mejor así, ¿no? –aventuró–. Al menos ha tenido la decencia de dejarte en paz para que puedas seguir adelante con tu vida.

–Supongo.

–Claro que habría sido genial que volviera arrastrándose –añadió–. Pero como Will, no lo ha hecho. Volviendo al tema del embarazo. Ahora que la cuestión económica va a quedar solucionada –comentó, mirando de reojo sus papeles–, te resultará más fácil decidir, ¿no?

No.

No me resultaría más fácil.

De hecho, me resultaría más difícil.

Ahora que desaparecía el último obstáculo importante, ya no me quedaban excusas.

17

El uno de agosto, todas las partes interesadas firmaron el contrato con Tiffany's; a principios de octubre me sería transferido el pago inicial, equivalente al sueldo de más de un año. Amy y Ward habían revisado el contrato con toda meticulosidad, modificando algunos detalles que luego intentó explicarme, el más importante de los cuales era que los pagos contractuales futuros no dependerían de las ventas del collar. Ello significaba que si la línea se vendía mal, recibiría pese a ello las cantidades que me habían prometido, y si se vendía bien, me pagaría cantidades adicionales una vez Tiffany's recuperara la inversión efectuada en mí.

–De haber sabido que esto tendría tanto éxito, no habría sido tan dura contigo cuando intentaste explicarme de qué iba lo de mamo –me dijo Renee cuando repasé su parte del contrato con ella–. Aunque la verdad es que no lo merecías, porque no se entendía una palabra de lo que decías.

Era su forma de darme las gracias, supongo.

Poco después de la firma del contrato empecé a pensar en la posibilidad de dejar el trabajo por un tiempo. Necesitaba tiempo y espacio para pensar..., pensar lo más clara y profundamente posible para tomar por fin la gran decisión. Nunca había estado sin trabajo y no sabía si no tener un sitio adonde ir y personas con quienes hablar a diario me deprimiría. En cualquier caso, era demasiado supersticiosa para dejar mi empleo antes de recibir el primer pago, de modo que decidí pedir a Karen una excedencia de seis meses y luego ver qué pasaba sobre la marcha.

Karen seguía de baja maternal, lo cual no dejaba de ser sorprendente, porque todos habíamos creído que regresaría en cuanto le quitaran los puntos de la episiotomía. Sin embargo, parecía que llevar un feto tan enorme durante nueve meses sin dejar de trabajar siete días a la semana había hecho mella incluso en ella. Por primera vez desde que la conocía, probablemente desde que nació, estaba agotada, y el médico le había ordenado quedarse en casa al menos otro mes.

–Ya que la montaña no va a la oficina, la oficina tendrá que ir a la montaña –sentenció Gail, encargada de contestar al teléfono de casa de Karen durante la primera semana.

Al igual que Simon, que trabajaría en casa de la jefa el resto de aquel mes, explicó a los demás empleados, todos los directores de departamento de KLNY tendrían que peregrinar al piso de Karen cada lunes por la mañana para una reunión semanal. Contratarían a otro asistente para Karen, encargado de llevarle trabajo a casa al principio y al final de cada día para que el negocio no se resintiera. Fue ese correo manual el que empleé para hacer llegar a Karen mi solicitud de excedencia, y fue así como obtuve su aprobación, en la que había un detalle inesperado. «De acuerdo», había escrito y marcado con su habitual círculo de lápiz de cera roja. Pero en lugar de las habituales iniciales, había firmado «Mamo Karen».

A mediados de septiembre, me enteré por Simon que Arlene Schiffler había dado a luz por cesárea una niña de tres kilos cuatrocientos gramos, y que desde que la viera en la fiesta de Karen había engordado veintisiete kilos.

¡Veintisiete kilos!

Sin embargo, de algún modo consiguió publicar casi de inmediato un artículo sobre el parto en *Glamour*, la novena y última entrada de su diario *Nueve meses*. Cuando Amy y yo nos lo leímos mutuamente en voz alta por teléfono al cabo de unos días, profiriendo exclamaciones de disgusto al ver lo pagada de sí misma que estaba, nos pareció que debía de haber escrito dos artículos, uno sobre parto vaginal y el otro sobre parto por cesárea, mucho antes del acontecimiento y enviado la versión correspondiente a la revista desde el hospital.

De no haber estado tan harta de sus artículos y de ir en busca de regalos para bebés, pues el de Karen no había sido sino el más conspicuo de una serie interminable de obsequios, tal vez le habría enviado uno. Sin embargo, me disponía a concederme un bien merecido descanso de la hipocresía profesional galopante en la que vivía y ansiaba dejar de hacer cosas que no quería hacer. Además, estaba a punto de viajar a Maine para estar con mi hermana antes de la fecha prevista del parto y tenía mucho en que pensar.

Tenía que pensar en un sobrenombre para su bebé.

Algo un poco más original que Copepinillo o Vicepepinillo.

Lynn dio a luz, también por cesárea, un niño de tres kilos setecientos gramos, David Samuel, a las nueve de la mañana del dos de septiembre, cinco días antes de la salida de cuentas. Las contracciones empezaron en plena noche; ella y Paul fueron al hospital a las cuatro y media, y mis padres, que habían llegado a Maine con bastante antelación, se reunieron con ellos al cabo de poco rato, dejándome a solas con Nicole.

Nos estábamos comiendo los gofres de rigor cuando llamaron para darnos la noticia. Después de colgar insté a Nicole que acabara de desayunar porque nos esperaba un día especial.

–¿Recuerdas que mami-mami y papá te dijeron que mami-mami iba al hospital aunque no estaba enferma? –le pregunté.

Era un martes por la mañana soleado y fresco, y la brisa hacía vibrar las jambas de las ventanas de la cocina.

Nicole, que aquel día estaba inusualmente callada, hundió un pedacito de gofre en el charco de jarabe que tenía a un lado del plato.

–Ajá –mascullό.

–Bueno, pues dentro de un rato, cuando vayamos a verla, tendrá una sorpresa para ti.

Lynn y Paul llevaban meses preparándola para la llegada del hermanito.

–Ya sé lo que es –aseguró antes de meterse los dedos en la boca, como acometida por una repentina timidez.

Me arrodillé ante ella para abrocharle la chaquetita verde.

–¿Qué es?

–El hermanito.

–¿Y sabes cómo se llama el hermanito?

–David Samuel.

La abracé con fuerza.

–Tía LaLa.

–¿Qué, cariño?

–¿Cuánto tiempo se quedará el hermanito?

No pude contener la risa. Mi madre siempre decía que Lynn preguntaba lo mismo sobre mí cuando nací.

–Para siempre.

–¿Cuánto es para siempre?

–Mucho, mucho tiempo.

–¿Tú también te quedarás para siempre?

Le cogí la manita y se la besé. Sentí un nudo en la garganta y supe que me costaría articular palabra.

–No, no voy a quedarme para siempre.

–Entonces, ¿cuánto tiempo te quedarás?

–Una semana, para ayudar a mami-mami con el Hermanito.

–Ojalá pudieras quedarte más tiempo.

–Ya, a mí también me gustaría.

–Así podrías jugar conmigo y dormir en mi cama conmigo.

–Ya, me encanta jugar contigo y dormir en tu cama contigo.

–Porque, ¿sabes algo?

Me cogió la cara entre las manitas con mucha suavidad, como si quisiera probar el tacto de mi piel, y cuando me miró a los ojos, sentí que la garganta se me volvía a cerrar. Era mi Pepinillo, la niña a la que quería más que a la vida misma, y siempre seríamos amigas, por mayor que se hiciese.

–No, ¿qué?

–Que cuando te vas te echo mucho mucho muchísimo de menos.

–Y cuando me voy yo también te echo mucho mucho muchísimo de menos.

La abracé otra vez y le di una palmadita en las braguitas impermeables.

–Venga –le dije cuando caminábamos hacia el coche–. Mamo nos espera.

En cuanto vi a David supe que me volvería tan loca por él como por Nicole. Acunarlo en brazos, sosteniéndolo sobre mi hombro como había hecho con mi sobrina cuatro años antes me hería el corazón. Me encantaba el dulce olor a recién nacido de su cabecita y el tacto de su diminuto pelele de algodón. Tenía el cabello oscuro y los ojos enormes y negros, exactamente igual que Lynn.

–¿Tú crees? –musitó, aún atontada por los analgésicos.

Paul había llevado a Nicole a la cafetería, así que los tres estábamos solos en la habitación tranquila y en penumbra de Lynn. Yo estaba sentada en el borde de la cama.

–Todo el mundo dice que es clavado a Paul –prosiguió.

–Bueno, sí, en parte, pero tiene...

–¿Mis ojos? –atajó, empujándose los rabillos de los ojos hacia abajo–. ¿Mis espantosos ojos caídos?

–No –repuse con una sonrisa–. Tiene tu grasa, las dieciséis papadas y los veinte michelines en la barriga.

Intentó reír sin moverse para no forzar los puntos.

–No lo decía en serio.

–Ya, pero no me hagas reír, que me duele.

–Vale.

Contemplamos a David, que dormía sobre el pecho de Lynn.

–Es increíble –suspiré–. Totalmente increíble.

–¿Verdad que sí?

En aquel momento no se me ocurría nada más maravilloso que mi sobrino, nada en absoluto. Se me llenaron los ojos de lágrimas. Los ojos de Lynn también amenazaban tormenta, y me cogió la mano.

–¿Vas a hacerlo?

–Aún no estoy segura. No paro de darle vueltas y más vueltas.

Me soné con un pañuelo de papel.

–Es una decisión muy importante.

–Crucial.

–¿Malcolm sigue siendo una posibilidad?

–No, ya no. De hecho, hace tiempo que no.

–Lo siento.

–No importa.

Me oprimió la mano.

–¿Qué me dices de otras…?

–¿Alternativas? Estoy en ello.

–Creo que deberías hacerlo –opinó de repente.

Me volví hacia ella.

–Hazlo. Nunca te arrepentirás.

–Pareces muy segura.

–Lo estoy.

–¿Por qué?

–¿Cómo vas a arrepentirte de esto? –murmuró, sosteniendo la nuca del bebé con infinita delicadeza.

Me quedé toda la semana, preparando la comida, lavando ropa, haciendo recados y ayudando en las tareas necesarias, que eran casi todas, pues, al volver del hospital, Lynn se limitó a permanecer sentada en un intento de no empeorar el dolor de la cicatriz y dar el pecho las veinticuatro horas del día. Mi misión principal y, cómo no, predilecta, era cuidar del Pepinillo. Fue una semana de sesiones maratonianas de vídeos de *Barney*, lectura de cuentos y rabietas más frecuentes de lo habitual provocadas por alguna que otra negativa.

Lo que era del todo comprensible.

Nicole tardaría algún tiempo en adaptarse a la presencia del nuevo Monito.

El martes siguiente al Día del Trabajo di un largo paseo por la playa de la Cueva de la Viuda. Se hallaba a varios kilómetros de casa de mi hermana, de modo que fui en coche y aparqué el Volvo en el estacionamiento desierto tras el cierre oficial de la temporada.

Era un día claro, algo ventoso y casi frío. Caminé descalza por la orilla. Por lo visto, el tiempo había cambiado de la noche a la mañana. En Nueva Inglaterra, el Día del Trabajo marcaba el fin del verano, y el aire y la luz cambiaban sin vacilación alguna. Aquel día no se parecía más a un día de principios de junio que a uno de finales de febrero, y me sorprendí envidiando el carácter absoluto de la naturaleza, su claridad total.

Regresé al aparcamiento pasadas las seis, abrí el coche y me senté al volante con las piernas fuera para sacudirme la arena de los pies y ponerme los zapatos. El leve tintineo de las boyas lejanas y los gritos estridentes de las gaviotas que sobrevolaban la playa evocaban cierta tristeza, y ahí sentada, escuchando los sonidos del verano moribundo, me sentí completamente sola. Y entonces lo supe con una certeza que no había experimentado jamás. Lo sentí en los huesos, en cada célula del cuerpo, en lo más hondo de mi ser. En un brevísimo instante, en un destello de claridad y clarividencia, comprendí que podía seguir así de sola toda la vida, y supe de inmediato que no podría soportarlo.

Y que no tenía por qué soportarlo.

Podía tener un hijo propio, mi propio Pepinillo, mi propio Monito.

Podía ser la mamo de alguien.

Y por fin supe lo que quería hacer.

El tercer trimestre

18

Tomar la decisión de tener un hijo y poner manos a la obra como mujer soltera eran dos cosas muy distintas. Lo comprendí en cuanto cogí la excedencia, mientras me paseaba por la casa como un oso enjaulado e intentaba ver *Barrio Sésamo* y *Barney*.

Quise llamar a Amy para que me echara un cable, pero se había tomado una semana libre para ir de excursión a Vermont con Barry y además llevaba tiempo fuera del circuito de los bancos de semen. Así pues, llamé a Renee a la oficina.

–Dijiste que nuestra amistad era profunda y variada, así que voy a darte la oportunidad de demostrarlo.

–No pienso inscribirme en un servicio de contactos –espetó como siempre que le proponía pensar en formas de mejorar nuestras antisociales vidas sociales.

–No te iba a pedir eso.

–¿Qué, entonces?

–He pensado que, puesto que se te da tan bien diseñar ropa de hombre, eres la persona perfecta para ayudarme a escoger uno.

–¿De dónde?

–Del catálogo del banco de semen.

Ya había hecho un montón de averiguaciones preliminares

para evitar que Renee se aburriera («No quiero quedarme sentada sin hacer nada mientras rebuscas en todos los bancos de semen del mundo», me advirtió), de modo que ya sabía que, si bien podías ver los perfiles de donantes una vez te habías inscrito en el servicio, tenías que ser paciente de un médico, quien llegado el caso encargaría el semen para ti.

Asimismo averigüé que en el banco de semen que había elegido, Cryogenesis, todos los donantes se someten a un examen psicológico basado en el Inventario Multifásico de Personalidad Minnesota y cuyos resultados contrastan reiteradamente diversos psicoterapeutas colegiados.

Y que la media de edad de sus donantes era de 29,3 años.

Y que menos del cinco por ciento de los solicitantes entran a formar parte del Programa de Donantes de Semen.

Y que desde la primera inseminación artificial llevada a cabo con éxito con semen humano congelado en 1953, se tenía conocimiento de más de doscientos mil nacimientos mediante el uso de semen humano criocongelado, además de los treinta mil que nacían cada año en la actualidad.

Y que podías comprar cantidades adicionales de un donante de semen en particular para consevarlo en caso de que quieras tener varios hijos del mismo donante.

Y que el coste de adquisición del semen se situaba alrededor de los mil seiscientos dólares por especímenes de semen congelado y en torno a los dos mil cuatrocientos por especímenes de semen frescos, cantidad que no incluía los «procedimientos de reproducción asistida», que podían costar entre trescientos cincuenta y seiscientos dólares por intento de inseminación, según el tipo de seguro médico.

Aquella noche me conecté a la página de Cryogenesis, esta vez en serio, y abrí el Catálogo de Donantes de Semen, que me proporcionó una lista completa de todos los donantes en activo, así como una descripción detallada de sus características físicas, ascendencia materna y paterna, nivel de estudios/profesión y aficiones. Una vez hecha la primera criba de posibles candidatos, podía pedir un dossier detallado de cinco páginas (Preselección Asistida Por Analogía, también conocido por su acrónimo oficial PAPA, ja, ja) sobre cada uno de ellos por quince dólares. Incluso podía pedir un dossier de Preselección Asistida Por Fotografía (¿PAPF?), que permitía enviar una fotografía de la persona a la que querías que se pareciera tu hijo para que el ordenador seleccionara al donante más apropiado.

Tecleé mi contraseña («Paco Pico») y seleccioné el menú de búsqueda. De inmediato apareció toda una serie de preguntas: preferencias en color de ojos, color de cabello, color de piel, estatura, religión..., supongo que para ayudarme a encontrar a distinguir entre los donantes que tuvieran algo que ver conmigo de los que fueran como extraterrestres para mí. Escribí castaño, castaño, caucásico y alto, dejando en blanco la preferencia religiosa, pues a aquellas alturas me parecía irrelevante, por no decir ridículo, que fuera o no judío, si bien mis padres habrían discrepado. Al cabo de unos segundos, el ordenador me proporcionó una lista de ciento setenta y dos perfiles que encajaban con aquellas preferencias físicas.

Y así empecé.

Eliminé los diez primeros perfiles sin pestañear, al igual que un abogado descarta posibles miembros del jurado por causa probable. Color de cabello (pelirrojo), anodinas futuras profesiones (licenciado en Empresariales), demasiado alto (dos metros).

A finales de semana había reducido la lista a siete donantes que me parecían prometedores y pedí el PAPA. Los perfiles detallados con fotografías adjuntas llegaron al cabo de unos días por Federal Express. Por su parte, Renee cumplió su palabra y vino a mi casa para ayudarme en la selección definitiva.

–Estoy sudando como una cerda –anunció al entrar en mi casa y mirar a su alrededor como si deseara cambiar hasta el último cojín.

El veranillo de San Martín había hecho su aparición, y mi amiga parecía sufrir horrores en su ropa negra de diseño.

–¿Dónde tienes el aire acondicionado? –preguntó sin resuello.

Cuando se lo señalé, corrió hacia él y lo ajustó al máximo.

–¿Te apetece tomar algo? ¿Agua, zumo, Coca Cola light?

Me siguió a la cocina, me empujó hacia el frigorífico y sacó una esbelta botella transparente de su enorme bolso negro.

–Sólo un vaso con hielo, que me he traído la bebida.

Vodka.

Pusimos manos a la obra.

Expediente nº 1:

–Éste no parece marica –declaró en cuanto nos sentamos en el suelo del ahora gélido salón.

Dejó el expediente en la pila que contendría los aceptados.

Expediente nº 2:

–Marica.

A la pila de los descartados.

Expediente nº 3:

–Psicópata.

A la pila de los descartados.

–Expediente nº 4:

–No marica.

A la pila de los aceptados.

Expedientes nº 5 y nº 6:

–Psicópata. Marica. Feo. Aburrido.

A la pila de los descartados.

A la pila de los descartados.

Expediente nº 7:

–Un momento, un momento –exclamó con la cara que pondría un chico de dieciséis años al mirar a una chica que le gustara.

–¿Qué? –pregunté, dejando a un lado el expediente que estaba repasando–. ¿Otro no marica?

Asintió ensimismada mientras señalaba la fotografía.

–Es guapísimo.

Miré por encima de su hombro. Cabello castaño, ojos castaños, buena dentadura, mandíbula fuerte, imberbe.

–No está mal.

–¿Que no está mal? Pero ¿qué coño te pasa? ¿Estás muerta? Es el tío más guapo que he visto en los últimos diez años.

Leyó la página a toda prisa y pasó a la siguiente.

–¡Y estudia arquitectura!

–No me voy a casar con él, Renee; sólo es un donante de semen, ¿recuerdas?

Echó el cuerpo hacia atrás y me miró con expresión algo desinflada.

–Ya lo sé, pero no puedo evitarlo –suspiró.

–¿No puedes evitar qué?

–Soy una romántica. Quiero que escojas al mejor para poder tener el mejor hijo.

Me la quedé mirando con una sonrisa de oreja a oreja.

–¿Que eres una romántica?

Renee se encogió compungida.

–¿Así que aún hay esperanza para la señora de los maricas y los psicópatas?

Intenté darle un golpe en las costillas, pero me apartó de un manotazo. Sólo Renee podía ser lo bastante perversa para ponerse sentimental y romántica leyendo perfiles de donantes de semen.

Me hizo un corte de mangas.

–Gilipollas –mascculló entre dientes.

–Gilipollas tú –repliqué.

Renee me ayudó a estrechar el cerco en torno a dos donantes potenciales. Como también yo era una romántica, aquella noche me acosté pensando en Nicole y David.

A la semana siguiente llamé a mi ginecóloga para que me recomendara a alguien. Puesto que ya había rebasado la frontera de los treinta y cinco, me envió a un especialista en fertilidad, el doctor Sing Vishnu, cuya consulta se encontraba en Park Avenue con la Ochenta y Uno. Y como le caía bien, consiguió que me dieran hora para al cabo de una semana. Me moría de impaciencia. Por fin llegó el gran día, y casi sin darme cuenta cogí un taxi, me senté en la sala de espera y entré en la consulta seguida por el médico, que acaba de llegar de una sala contigua.

–Soy el doctor Vishnu –se presentó, estrechándome la mano antes de sentarse a su mesa–. Y usted es… –echó un vistazo al historial que había traído consigo– la señora Franck.

–Ellen.

–Ellen –asintió.

Era un hombre menudo y medio calvo que llevaba unas gafas gigantescas y quedaba empequeñecido por la enorme butaca de cuero, como le sucedía a Karen en la suya.

–Cuénteme para qué ha venido, señora… Ellen.

Si no hubiera mostrado una curiosidad tan sincera y yo no hubiera estado tan nerviosa, tal vez habría intentado hacerme la graciosa o burlarme de mí misma, pero en sus ojos y su voz había algo, una calidez y una bondad que me derritieron.

–Quiero tener un hijo –dije sin más.

De repente comprendí la enormidad del proyecto, lo que significaba estar sentada en la consulta de un médico y poner en marcha la inmensa rueda de la procreación.

–Bueno, creo que quiero tener un hijo –farfullé, presa del pánico–. Quiero decir que quiero tener uno, pero no sé si hoy mismo.

–Ah, menos mal –exclamó con una sonrisa–, porque hoy tengo la agenda llena.

Nos echamos a reír, y me tranquilicé un tanto.

–Lo que quería decir es que no sé si estoy preparada para hacerlo ya, pero sí quiero empezar el proceso.

El médico asintió y volvió a ojear mi historial.

–No está casada ni tiene compañero, ¿verdad?

–Exacto.

Me sentí tentada de añadir que no era lesbiana, pues debía de ser el perfil más obvio, pero como no tenía importancia alguna, lo dejé correr.

–Y ha optado por la inseminación artificial del semen de un donante de origen desconocido.

–No sé muy bien a qué se refiere.

–A un donante que no sea amigo, conocido ni alguien con quien haya llegado a un acuerdo para quedar embarazada. Un donante de origen desconocido es, en resumidas cuentas, un donante de semen anónimo.

–Ah, ya, claro... –balbucí–. Sí, sí, desconocido.

–¿Está familiarizada con el proceso, con los pasos necesarios antes de proceder a la inseminación artificial?

Asentí como buena alumna que era; había hecho los deberes.

–He reducido la lista a dos posibles donantes.

–Estupendo. Permítame que le explique el procedimiento. La examinaremos para descartar problemas de fertilidad. En caso de que encontremos alguno, le recomendaremos una línea de tratamiento y actuaremos en consecuencia. Con ello pretendemos evitar que desperdicie tiempo y dinero en intentos de inseminación si no puede concebir.

Ni Lynn ni mi madre habían tenido problema alguno para concebir, de modo que me quedé mirando al médico con cara expectante para que me contara el resto.

–A continuación la verá una asesora del centro para comentar con usted la decisión de tener un hijo sola, las consideraciones psicológicas y también las prácticas, tales como situación laboral, planificación económica, seguro médico, cuidado del niño... Una vez dados estos pasos y comprobado que todo está en orden, podremos proceder a la inseminación en sí.

Exhalé un profundo suspiro y miré una serie de fotografías enmarcadas dispuestas sobre el aparador tras la mesa del médico. En ellas se veía a su mujer y sus hijos, dos chicos y una chica que, a juzgar por las últimas instantáneas, debían de ser casi adultos.

–¿Quiere hacerme alguna pregunta? ¿Hay algo de lo que quiera hablar, algo en lo que pueda ayudarla?

Quería hacerle mil preguntas. ¿Debo esperar? ¿Conoceré a alguien algún día? ¿Seré feliz alguna vez? Pero lo único que hice fue encogerme de hombros.

–¿Qué cree que debería hacer? –musité por fin.

Me dedicó una sonrisa comprensiva.

–Quiero decir, si fuera hija suya, si su hija se encontrara en mi situación, ¿qué le aconsejaría? ¿Le diría que lo hiciera o que esperara?

–Técnicamente, a los treinta y cinco años..., casi treinta y seis, de hecho, no ha llegado al fin de su vida reproductiva, aunque los problemas y las complicaciones relacionadas con la fertilidad aumentan con el tiempo.

Quería que continuara, que me dijera lo que debía hacer, que alguien mayor y más sabio que yo me asegurara que, fuera cual fuese mi decisión, todo saldría bien..., pero sabía que eso era imposible. Nadie podía decirme eso. Así era la vida.

–Sólo le aconsejo que, una vez esté segura de su decisión, no deje pasar demasiado tiempo.

Seguí su consejo.

Con ayuda de la secretaria del doctor Vishnu confeccioné un calendario de visitas para las siguientes semanas, durante las cuales me reuní en varias ocasiones con la asesora para comentar las consideraciones prácticas y económicas de mi decisión.

¿Tenía una fuente de ingresos estable y una vivienda adecuada?

Sí.

¿Tenía intención de reincorporarme al trabajo inmediatamente después del nacimiento del bebé? En tal caso, ¿cómo resolvería el tema de su cuidado?

No, no tenía intención de reincorporarme al trabajo enseguida. La excedencia de seis meses podía prolongarse otros seis meses o bien hacerse permanente, de modo que yo misma cuidaría del bebé.

¿Mi familia y mis amigos aprobaban mi decisión?

Silencio.

¿Mi familia y mis amigos estaban al corriente de mi decisión?

Aún no.

¿Porque?

Porque no creía que tuviera sentido contarles nada antes de que hubiera algo que contarles.

¿Y cuando me quedara embarazada, si es que me quedaba…?

Cuando me quedara embarazada, si es que me quedaba, me faltaría tiempo para difundir la noticia.

¿Sabía ya lo que le contaría a mi hijo acerca de las circunstancias de su concepción y nacimiento?

No.

¿Tenía la confianza de que al cabo de cuatro o cinco años, o cuando llegara el momento, se me ocurriría una explicación viable?

Sí.

¿Me sentía a gusto con mi decisión, es decir, estaba totalmente convencida de haber tomado la decisión correcta al optar por tener un hijo de un donante de semen desconocido?

Sí. ¿Era mi primera opción? No.

Lo único que faltaba era elegir al donante de semen.

Por entonces se había adueñado de mí una sensación nueva de calma y resolución que fue serenando de forma paulatina el tumulto de emociones que me bullía en la cabeza. De vez en cuando pensaba en el trabajo, en la línea de primavera que se estaba promocionando sin mí, en la tormenta que se había desatado el mes anterior, pero lo cierto era que me sentía muy alejada de aquel mundo. Me costaba creer que había transcurrido más de un año desde que me reencontrara con Amy, y también me costaba creer la magnitud de los cambios que habían tenido lugar desde entonces. Había roto con Malcolm, tanto Lynn como Karen habían tenido su segundo hijo, había creado mamo y seguramente no tendría que volver a trabajar en toda mi vida.

Me decidí por el futuro arquitecto alrededor del Día de Acción de Gracias; ya estaba preparada para dar el último paso sin vacilación, ambivalencia ni reserva algunas.

La consulta del doctor Vishnu encargó el semen.

Una despejada mañana de noviembre, el día de mi siguiente ovulación, corrí la consulta de Park Avenue con la Ochenta y Uno.

Corrí a toda la velocidad que me permitían las patas de mi máquina expendedora de bolas de chicle.

EPÍLOGO

19

Aparte de las náuseas matutinas, el aumento de peso, la hinchazón de pies y manos, el hecho de que no puedo mantenerme despierta pasadas las nueve de la noche, el insomnio, los ocasionales ataques de pánico cuando pienso en la amniocentesis que me espera y las dudas sobre el gran salto al vacío, la verdad es que el primer trimestre me está resultando bastante fácil.

Por increíble que parezca, di positivo en la prueba de embarazo al primer intento. Eso me sorprendió y me obligó a revisar algunos aspectos de mi plan de nueve meses, pues lo había acolchado con varios meses de intentos fallidos. El doctor Vishnu también se sorprendió, tanto que cuando me llamó para darme la noticia no paró de repetir que, a mi edad, quedar embarazada al primer intento de inseminación artificial era casi imposible. Supuse que lo decía como un cumplido, o al menos intentaba elogiarme por la viabilidad aparente de los escasos óvulos chochos que me quedaban. Pero aunque sólo se tratara de una observación científica, lo cierto era que la velocidad y facilidad con que se estaba desarrollando el proceso confería a todo el asunto un aura fatídica.

Decidí no contárselo a mis padres, a mi madre, sobre todo, hasta la semana entre Navidad y Año Nuevo, cuando nos reuniríamos todos en casa de mi hermana. Me aterraba la idea de revelar la noticia a ambos a la vez, y puesto que sabía que mi padre sería el más fácil de los dos, decidí afrontar primero lo peor. Una tarde, mientras mi padre dormía la siesta, encontré a mi madre sola en la cocina, preparando una ensalada. Faltaba poco para el anochecer, y en la casa reinaba un inusual silencio.

–Tengo algo que contarte –empecé.

Alzó la vista para mirarme como si supiera que alguien había muerto.

–¿Qué pasa?

–No pasa nada.

–O sea que no estás enferma.

–No, no estoy enferma.

Me acerqué un poco más a ella y se lo conté.

Se lo conté todo.

Mi obsesión por Nicole, la obsesión de Amy por Isabel, los embarazos de Lynn y Karen, la columna de Arlene Schiffler y el ultimátum que inspiró, la caza de semen por Internet, mi ruptura con Malcolm, el paseo por la playa tras el nacimiento de David, mi decisión de ser madre soltera y la decisión de Amy de no serlo, la selección de donante de esperma, el doctor Vishnu, la inseminación, el día en que me dieron la noticia por teléfono.

Mientras hablaba vi que su rostro se ensombrecía cada vez más. Mucho tiempo atrás, de haber imaginado la escena en que le contaba a mi madre que estaba embarazada, a buen seguro me habría visto a mí misma en la bonita cocina de una bonita casa de un bonito barrio residencial, con mi marido en la habitación contigua, una alianza matrimonial en el dedo y el rostro de mi madre feliz, emocionado, aliviado. Estoy convencida de que ella imaginaba algo similar, razón por la que enmudeció por completo. Al menos unos instantes.

–No sé qué decir –alcanzó a farfullar por fin–. Estoy atónita.

Me apoyé contra el mostrador de la cocina y crucé los brazos. Había esperado aquella reacción. Por lo visto, todo giraba siempre en torno a ella, en torno a cómo la afectaban las cosas a ella.

Nunca había sido capaz de escuchar lo que Lynn y yo le contábamos sin tomárselo como algo personal.

El silencio que pendía entre nosotras estaba cargado de decepción y desaprobación.

–Bueno... –dije.

Es decir: ¿Tienes algo más que decir?

Levantó los brazos con ademán melodramático.

–¿Y cuándo va a...? ¿Cuándo sales de cuentas?

–En agosto.

–¿Y estás preparada? ¿Estás preparada para las responsabilidades y los problemas que traen consigo los bebés?

–También traen consigo felicidad –le recordé.

Pero de repente sentí que el suelo se abría a mis pies y la duda se apoderaba de mí como una ráfaga de viento helado.

–Y para la felicidad –añadió mi madre a regañadientes.

–Todo lo preparada que puede estarse, supongo.

–Porque es una responsabilidad enorme para una persona sola.

Hice una mueca al oír aquella palabra, pero estaba resuelta a no permitir que su pesimismo me contagiara, me derrotara, como había sucedido tantas veces en el pasado.

–Mira, sé que mi vida no siempre ha salido como esperabas –dije despacio mientras buscaba las palabras adecuadas en mi interior–. Que yo no he salido tal como esperabas.

–¿Y cómo esperaba que salieras?

–Normal, como todos los hijos de tus amigas. Es decir, que viviera cerca de ti, estuviera casada, tuviera hijos...

Lo solté como una ráfaga de ametralladora, sin vacilación alguna, y eso me sorprendió. También me entristeció, pues me hizo darme cuenta de que lo que más seguía deseando en el mundo era la aprobación y el cariño de mi madre.

–A decir verdad, las cosas tampoco han salido como yo esperaba –proseguí–. Quiero decir que jamás habría imaginado que tomaría una decisión como ésta, que me vería obligada a tomar una decisión como ésta. Pero por otro lado me considero afortunada, porque he podido tomarla; podré tener un hijo a fin de cuentas.

–¿Sola? –insistió.

–Sí, sola –repliqué, mirándola de hito en hito.

Sin embargo, empecé a sentirme culpable al ver que se le llenaban los ojos de lágrimas, y cuando alargó la mano para coger un paño de cocina y enjugárselas comprendí que temía por mí. Nuestra familia no era precisamente intrépida, no creía en un futuro halagüeño, si bien teníamos algún que otro momento de esperanza. Y éste sería uno de ellos.

–Puede que no esté sola siempre.

Se encogió de hombros. Cierto, parecía decir.

–Además, no estoy sola. Tengo un puñado de muy buenos amigos y también tengo a Lynn. Ella me ayudará.

–Claro que sí –se apresuró a asentir.

Me dio la espalda para lavarse las manos en el fregadero y el modo en que intentaba ocultarse de mí me hizo ver que había herido sus sentimientos sin proponérmelo.

–Y a lo mejor tú también podrías ayudarme, si quieres.

Se volvió de nuevo hacía mí.

–¿Querrías mi ayuda?

–Pues claro que sí. ¿Por qué no iba a quererla?

–Es que me sorprende. No recuerdo la última vez que me pediste ayuda.

Tras reflexionar un instante llegué a la conclusión de que yo tampoco.

Volvió a enjugarse las lágrimas, dejó el paño y me abrazó. En aquel momento, en aquel instante familiar de estar en la cocina con mi madre, cada una intentando comprender a la otra y, por una vez en la vida, consiguiéndolo, supe que la duda había quedado disipada. Tal vez mi madre nunca había sido capaz de decir lo correcto en el momento adecuado, pero, en mi fuero interno, siempre había estado convencida de que, llegado al caso, se pondría de mi lado. Sabedora de que estaría ahí para enseñarme a dar de comer, bañar y cambiar los pañales a mi bebé, de que estaría ahí para enseñarme cuanto sabía sobre el arte de ser madre, por muy imperfectas que yo considerara sus habilidades maternales

(¿y qué hija no lo hace?), me sentí menos sola que en mucho, mucho tiempo.

Salía de cuentas el treinta de agosto, al menos según los cálculos del doctor Vishnu. Por supuesto, se lo había contado a Lynn la semana anterior, tras llegar a su casa antes que nadie. Intercambiamos regalos; cómo no, yo le regalé un collar *mamo* en oro blanco y ella me regaló un medallón de plata con una fotografía diminuta del Pepinillo y el Monito, que ofrecía un aspecto muy distinguido pese a tener tan sólo cinco meses. Cuando le di la noticia empezó a brincar de emoción por toda la casa, buscando sus pantalones de chándal preferidos y sacando todos los libros sobre embarazos que yo no tenía y que me llevé a casa para agregarlos a mi ya sustanciosa colección.

Hojeo esos libros una y otra vez, y a excepción del asunto de los maridos, los encuentro muy sensatos. Cada noche, cuando me acuesto, leo e incluso lleno una página del *Diario del Embarazo* de *Qué se puede esperar cuando se está esperando*, que Amy me regaló unos días después de conocer la buena nueva. Me ha regalado muchas cosas más porque, según sospecho, sigue sintiéndose un poco culpable por no quedarse embarazada conmigo. Me ha regalado un kit de supervivencia para el embarazo de lycra negra, compuesto de mallas, falda, blusón y vestido, y dos muñecos de peluche, un Barney y un Paco Pico, por los viejos tiempos.

Hace un mes, justo después de Año Nuevo, ella y Barry se prometieron, y si bien no me volví loca de contento, intenté aparentarlo y creo que resulté bastante convincente, al menos, eso espero. Me pareció una excelente persona y a todas luces estaba enamoradísimo de ella. Incluso me ofrecí a ayudarla a buscar el vestido de novia una vez me remitan las náuseas matutinas, pero me recordó que conservaba el primero. Menos mal que no se desprendió de él.

Hace algunas semanas empecé a mirar pisos más grandes, cunas, cochecitos, cambiadores, papeles pintados y estampados, pero me pareció una tarea abrumadora. Pedí a Renee que tomara todas las decisiones por mí para que pudiera concentrarme en estar embarazada sin tensiones adicionales, pero me contestó que, ya que iba a tener un bebé, había llegado el momento de dejar de ser un bebé y tomar mis propias decisiones, y que además, ella estaba demasiado ocupada preparándose para asistirme en el parto.

Debe de estar reservando todas sus cualidades afectivas y de apoyo moral para la sala de partos.

Karen se ha reincorporado al trabajo. Hace poco la llamé para darle la buena noticia, si bien suponía que ya lo sabría por Simon. Si bien no se mostró dispuesta a intercambiar batallitas del embarazo ni a ofrecerme la ropa de su bebé, sí me dijo que si alguna vez necesitaba algo, lo que fuera, ella estaría ahí para ayudarme, y la creí. Simon me llama de vez en cuando para ponerme al corriente de los últimos chismes y noticias del despacho. La semana pasada reconocí su firma al ver un artículo en el *New York Observer* con el titular en negrita: KAREN SE SALTA UNA COMIDA EN THE GRILL ROOM.

Por supuesto, Arlene Schiffler escribe una nueva columna, titulada *El primer año de la maternidad*, y cuando me hace falta reírme o después de una crisis de llanto provocada por el temor a hacer sola todo lo que me depara el futuro, compro el último número de *Glamour* o le leo la entrada del mes anterior a Amy por teléfono hasta que el temor, el pánico a lo desconocido remite. Últimamente, el consuelo parece salir de los lugares más insospechados, pero cuando llega, estoy demasiado agradecida para cuestionarme su origen.

O demasiado dormida.

Malcolm llamó inesperadamente una noche de la segunda semana de febrero. El teléfono sonó cuando estaba de pie en medio del salón, intentando buscar alguna disposición del mobiliario que milagrosamente me proporcionara espacio suficiente para la habitación del bebé y me ahorrara la mudanza. Habían transcurrido diez meses desde la última vez que habláramos, y si bien de vez en cuando ensayaba un guión por si alguna vez llamaba, hacía tiempo que no lo repasaba, de modo que cuando me preguntó cómo estaba, no supe qué decir.

Charlamos de tonterías durante unos minutos. Le conté que había cogido una excedencia y él me contó que ahora daba clases en Columbia en lugar de la Nueva Escuela. Luego me confesó que durante aquellos meses había pensado mucho en mí y en nuestra relación, y me preguntó si podíamos quedar para hablar. Puesto que a aquellas alturas creía que verlo y hablar con él no podría hacerme ningún daño, en todo caso podría incluso beneficiarme, accedí a quedar para tomar una copa en la Cedar Tavern al cabo de una hora.

Tardé casi toda esa hora en decidir qué ponerme, pues todo lo que tenía ya me iba justo y me haría parecer gorda, aunque no necesariamente embarazada. De repente me di cuenta de que daba igual lo que llevara, de modo que rasgué el envoltorio del kit de supervivencia para el embarazo y me puse las mallas y el blusón. Luego cogí las llaves y el abrigo y recorrí a pie las escasas manzanas que me separaban de la taverna.

Malcolm ya estaba en el bar cuando entré. Se había sentado en un reservado para variar, y al verme entrar me saludó con la mano y se levantó para recibirme. Nos miramos algo incómodos durante unos instantes; por fin me ayudó a quitarme el abrigo y me dio un abrazo breve, pero intenso.

Acto seguido fue a la barra para pedirme una bebida y regresó al cabo de un par de minutos con un zumo de arándano.

–Me alegro de verte –empezó.

–Yo también.

Estar sentada junto a él me resultaba tan fácil como siempre, y por un instante tuve la sensación de que aquellos diez meses no habían pasado. Pero tenía miedo de disfrutar demasiado; Malcolm podía tardar otros diez meses en llamar.

–Estás muy guapa. Estás...

–¿Gorda? –lo interrumpí con una sonrisa.

–No, guapa.

–¿De verdad?

Malcolm asintió.

–Gracias.

Malcolm no era muy dado a los cumplidos, de modo que los que hacía significaban mucho, sobre todo teniendo en cuenta nuestra última conversación y la vulnerabilidad de mi actual estado de ánimo.

–Tú estás…

–¿Gordo? –me interrumpió a su vez.

Me eché a reír.

–No, iba a decir que estás en muy buena forma.

–He vuelto a empezar a correr.

–No sabía que corrías.

–Pues sí, maratones incluso.

–Vaya.

–Es uno de los pequeños pero importantes cambios que he introducido en mi vida últimamente. He vendido el piso y me voy a comprar otro en el centro, en la Quinta con la Diez. Muy cerca de tu casa.

–Muy cerca de mi casa.

–Seguiré estando muy lejos del trabajo, pero ahora al otro lado de la ciudad. Me pareció que había llegado el momento de cambiar.

–Bueno, es un cambio considerable pasar de vivir en la parte alta a vivir en la parte baja.

Sabía que no se refería a ese tipo de cambio, pero intentaba ganar tiempo. No estaba segura de que me apeteciera abrir la caja de Pandora.

–También estoy escribiendo… un poco.

–Estupendo, me alegro mucho por ti.

Era la primera vez que le oía sacar el tema, y sabiendo cuánto había significado para él, me conmovió que volviera a intentarlo.

–Aún no es estupendo –advirtió con un encogimiento de hombros–, pero al menos he vuelto a ponerme.

–Que ya es mucho.

–¿Y tú qué tal? –preguntó.

¿Yo?

–Leí lo de tu collar. Felicidades.

–Gracias.

–Bueno, ahora que has cogido la excedencia, que durante un tiempo no tendrás que dedicarte a un trabajo que detestas, ¿has decidido qué vas a hacer?

–Más o menos, aunque todo está todavía en una fase embrionaria, por así decirlo.

–Mira, te he propuesto que quedáramos porque quería decirte que he pensado en lo que dijiste aquella noche, la última vez que estuvimos aquí. He pensado muchísimo en ello…, y tenías razón.

–¿Respecto a qué?

–A todo –repuso, revolviéndose en el banco–. Estaba paralizado, completamente paralizado. No estaba preparado para… –Miró hacia el techo como si allí fuera a encontrar las palabras–. No estaba preparado para ti. Pero ahora sí lo estoy.

Me quedé atónita al escuchar aquello. Estupefacta, de hecho.

–Ah –farfullé.

Bebió un sorbó y se secó la mano.

–No sé a qué atenerme respecto a ti. No sé si eres más feliz sin mí, si has conocido a otro. A lo mejor estás prometida…

–No estoy prometida.

Estaba embarazada, pero no prometida.

Deslizó las manos por el canto de la mesa.

–Quiero volver a intentarlo. Quiero…, quiero estar contigo.

Me recosté contra la madera dura del reservado y entrelacé las manos en el regazo. Había imaginado aquella escena cientos de veces, las mismas palabras, la propuesta de reconciliación…, y ahora estaba sucediendo. Me sentía entumecida.

–Sé que entre nosotros había muchas cosas que no funcionaban, pero creo que he mejorado. Voy al psicólogo y.., en fin, es muy bueno. Me queda un largo camino por recorrer, pero me siento…, me siento yo mismo por primera vez desde hace mucho tiempo.

–Ya lo veo. Pareces en paz contigo mismo.

–¿Pero?

Sonreí y me encogí de hombros.

–Pero muchas cosas.

–¿Cómo qué?

–Las cosas han cambiado. Yo he cambiado.

–¿Sales con alguien?

–No.

–Entonces, ¿qué cosas han cambiado?

Sabía que debía contarle la verdad y quería contársela. A fin de cuentas, Malcolm había tenido mucho que ver con mi decisión.

–Estoy embarazada.

Abrió la boca de par en par.

–¿De cuánto? –preguntó.

–Once semanas.

–Once semanas –repitió–. ¿Fue un... desliz?

–No, no fue un desliz. Lo planeé.

Malcolm tragó saliva.

–¿Con alguien a quien conocías?

–No, nunca he conocido a nadie del Banco de Semen Internacional Cryogenesis.

Él también se reclinó contra la madera dura del reservado y, tras lo que se me antojó una eternidad, sonrió.

–Dios mío, qué valiente eres.

–¿Valiente? No lo he hecho porque sea valiente. Lo he hecho porque estaba aterrada, aterrada de lo que me perdería si no lo hacía.

–¿Y aún estás aterrada?

–A veces. A veces, en plena noche, cuando pienso en la enormidad de lo que he hecho y me pregunto si todo saldrá bien, me entra el pánico.

–No tienes por qué asustarte.

–Para ti es fácil decirlo –exclamé con una carcajada.

–Te equivocas.

Claro que me equivocaba.

–Lo siento, no pretendía ser frívola.

Tenía la sensación de que se había abierto una ventana, así que decidí aprovechar la ocasión.

–Cuando tu mujer estaba embarazada –empecé vacilante–, ¿tenías miedo?

Malcolm meditó mi pregunta.

–No, no tenía miedo. Estaba emocionado, contento; sentía que mi vida empezaba por fin.

Por un instante, su mirada se perdió, y de repente pareció irse muy lejos. Cuando salió de su ensimismamiento vi que tenía los ojos relucientes de lágrimas. Desde luego, había avanzado mucho desde nuestro último encuentro.

–El miedo desaparecerá, ya lo verás –musitó.

–¿Tú crees?

Me cubrí los ojos con las manos y percibí la humedad de mis propias lágrimas. Hasta aquel momento no había confesado a nadie que estaba asustada, y la revelación me proporcionó una profunda sensación de alivio.

Malcolm esperó a que me repusiera y me cogió las manos. Nuestros dedos se entrelazaron, y respiré hondo.

–Quiero que estemos juntos –dijo por fin.

–No es cierto.

–Sí lo es.

–No has tenido tiempo de pensar en ello, en el hecho de que este hijo no es tuyo, de que hay un hijo –Me interrumpí para volver a respirar–. Y aun cuando pensaras en ello y decidieras que quieres hacerlo, hay otras cosas que deberíamos solucionar.

–Lo sé.

No sabía si nos referíamos a lo mismo.

–Nos referimos a lo mismo –me aseguró como si me leyera el pensamiento–. El psicólogo me ha recetado algo para eso.

–¿Ya no tomas Prozac?

–No –repuso sin dejar de mirarme–. Y me ha recetado otra cosa.

–Ah… ¡Ah!

Me acarició las muñecas con los pulgares y luego me las asió con fuerza.

–¿Funciona?
–No lo sé, todavía no lo he probado.
–Qué ironía –comenté con una sonrisa.
–¿A qué te refieres?
–A que ahora que por fin puedes, ya sabes…
–¿Tener relaciones sexuales?
–… tener relaciones sexuales, yo no puedo.
–¿Cómo que no puedes?
–Estoy embarazada.
–Puedes tener relaciones sexuales estando embarazada.
–Ya lo sé, pero… ¿no es peligroso?
–No si se hace bien.
Lo miré con fijeza.
–¿Y cómo se hace bien?
Malcolm me acarició la mejilla.
–Te lo demostraré –murmuró–. Te lo demostraré.
Y aquella misma noche me lo demostró.

Esta obra, publicada por
GRIJALBO MONDADORI,
se terminó de imprimir en los talleres
de Hurope, S.L., de Barcelona,
el día 12 de mayo
de 2000